Stöger / Lion / Niermann · Professionalisierung im Lehrberuf

Christine Stöger / Brigitte Lion / Franz Niermann

Professionalisierung im Lehrberuf

Ziele erreichen – Potenziale nutzen

Beltz Verlag · Weinheim und Basel

Diese drei Autoren haben im Team an der Entwicklung des *accompagnato*-Modells, das diesem Buch zugrunde liegt (vgl. Seite 11 ff.), mitgewirkt:

Christine Stöger, Lehrerfahrungen an Schulen sowie an Hochschulen und Universitäten; seit 1985 Lehrende an der Musikuniversität Wien, Mitbegründerin des »Musikpädagogischen Zentrums« zur Vernetzung mit musikpädagogischen Berufsfeldern. Seit 2003 Professur für Musikpädagogik an der Hochschule für Musik Köln. Schwerpunkte in Forschung und Lehre: Musiklehrerbildung vom Studium bis in den Beruf, »Lebenslanges Lernen«, Entwicklung von Konzepten zur Musikvermittlung.

Brigitte Lion, vielseitige Lehrerfahrungen an verschiedenen Schultypen und Universitäten; seit 1999 Hochschullehrerin an der Musikuniversität Wien, Institut für Musikpädagogik. Mitbegründerin des »Musikpädagogischen Zentrums« zur Vernetzung mit musikpädagogischen Berufsfeldern. Promotion über Konfliktsituationen im universitären Alltag. Ausbildung und Betreuung von Mentoren. Arbeitsschwerpunkt in der Vernetzung von Studium und Beruf. Freiberuflich als Supervisorin tätig.

Franz Niermann, Erfahrungen als Lehrer in Berlin und seit 1988 als Professor an der Musikuniversität Wien, Institut für Musikpädagogik. Promotion über Aneignungstheorie und Musikpädagogik. Vielseitiges Engagement in der Lehrerbildung und -fortbildung. Zahlreiche Publikationen zu (musik)didaktischen Grundfragen. Federführende Tätigkeit in internationalen Fachverbänden und Netzwerken.

© 2010 Beltz Verlag · Weinheim und Basel
www.beltz.de
Herstellung: Uta Euler
Satz: Druckhaus »Thomas Müntzer«, Bad Langensalza
Druck: Beltz Druckpartner, Hemsbach
Umschlaggestaltung: glas ag, Seeheim-Jugenheim
Umschlagfoto: Panther Media, München
Printed in Germany

ISBN 978-3-407-62673-8

*„Sich bilden kommt einem Abenteuer gleich:
Im Mittelpunkt steht der Prozess der Entwicklung selbst –
mit all seinen Offenheiten und Unvorhersehbarkeiten."*

(Seite 27)

Inhaltsverzeichnis

1 Entstehung und Nutzen des Buches 9

    1.1 Lernen im Meer der Möglichkeiten 10
    1.2 Wie dieses Buch entstand 11
    1.3 Wie man mit diesem Buch arbeiten kann 13

2 Sich bilden – wachsen auf gutem Nährboden 17

    2.1 Lernen – Bilder aus alltäglichen Situationen 18
    2.2 »Sich bilden« 24
    2.3 In Beziehung gehen 27
    2.4 Wege, gemeinsam zu denken 30
    2.5 Abstand finden, um Naheliegendes genauer zu sehen 32
    2.6 Was wir schon immer wollten – und dann doch nicht tun 35
    2.7 Aus den Ressourcen schöpfen 39
    2.8 Angelpunkte suchen 42

3 Anliegen klären 45

    3.1 Einen Ansatzpunkt finden 48
    3.2 Bilder von der eigenen Professionalität entwerfen 50
    3.3 Dem Anliegen Form geben 53
    3.4 Im Gehen den Weg erschließen 58

4 Konfrontationen inszenieren 61

    4.1 Begegnung verschiedener Wirklichkeiten 62
    4.2 Konfrontationen als Chance 66
    4.3. Spezialfall Unterrichtsbesuch 67
    4.4 Die Aufmerksamkeit lenken 70
    4.5 Neue Deutungen finden 72

5 Wert schätzen 79

- 5.1 Wie misst man Entwicklung? 80
- 5.2 Wert schätzen und gängige Bewertungskulturen 81
- 5.3 Im Spannungsfeld von Wertefeldern 85
- 5.4 Die vielen Gesichter des Auswertens 89
- 5.5 Die eigene Entwicklung verfolgen 92
- 5.6 Was ein gutes Gespräch braucht und bringt 98

6 Wie sich die Elemente zusammenfügen 101

- 6.1 Kreisläufe, Zyklen, Phasen – Zur Architektur der Veränderung 103
- 6.2 Lernen, das einen Unterschied macht 106
- 6.3 Sich Zeit geben 110
- 6.4 Einen offenen Prozess steuern 113
- 6.5 Sich bilden – ein Abenteuer 116

Verzeichnisse 119

- Literaturverzeichnis 119
- Verzeichnis der Übungen 123

1
Entstehung und Nutzen des Buches

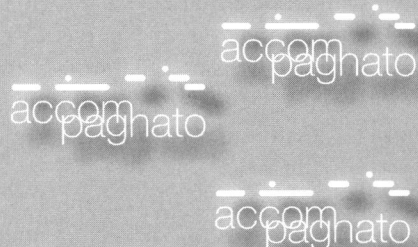

1 Entstehung und Nutzen des Buches

1.1 Lernen im Meer der Möglichkeiten

Danny Boodmann T.D. Lemon Novecento verbringt sein Leben auf einem Ozeandampfer, der zwischen Europa und Amerika hin- und herpendelt. So will es die Erzählung von Alessandro Baricco (Baricco 1994/2009). Als Baby von Auswanderern dort zurückgelassen, wird er von einem Bootsmann aufgezogen. Als dieser nach einem Unfall stirbt, ist der gerade einmal Achtjährige sich selbst überlassen, und die Erzählung stellt ihm nur einen Freund zur Seite, den Trompeter der Schiffsband und Ich-Erzähler.

Vor der Kulisse dieser ungewöhnlichen Umstände entfaltet sich ein einzigartiges Leben. Die Legende lässt die Enge des Ozeandampfers durch Novecento zur Fülle möglicher im doppelten Sinne »Welt-Erfahrungen« werden. Die bunte Zusammensetzung der Passagiere aus wohlhabenden Reisenden, Sonderlingen und mittellosen Auswanderern zu Beginn des 20. Jahrhunderts dient ihm als Quelle für den Entwurf seiner Weltsicht.

Ohne sichtbare Anweisung von außen bringt er sich das Klavierspiel bei. Er lernt durch Hören, durch das Spiel mit den mitgebrachten Melodien der Reisenden, durch den musikalischen Dialog mit ihnen und wird schließlich legendärer Pianist des Ozeandampfers »Virginian«. Novecento entwickelt eine fantastische Einzigartigkeit als Mensch und Musiker, eine Art von selbst verantworteter Identität, die angesichts der bewegten und sich ständig verändernden Welt Konzentration und Ruhe ausstrahlt.

Die Erzählung strebt einem Ereignis zu, das die Welt Novecentos neu beleuchtet. Längst schon fragt sich sein Freund gemeinsam mit dem neugierig gewordenen Leser, warum er nicht einmal von Bord gehe, um die Welt da draußen mit eigenen Augen zu sehen. Die Geschichte kommt der Antwort näher, als sich der Protagonist im 32. Lebensjahr entschließt, den Ozeandampfer zu verlassen. Es bleibt jedoch beim Versuch. Nach wenigen Schritten zwischen den Welten auf der Landungsbrücke kehrt er zurück, um den Rest seines Lebens auf der »Virginian« zu verbringen.

Was ist geschehen? Novecento verweigert sich der Welt außerhalb des Schiffs wegen ihrer Unendlichkeit.

„Es gab alles, aber es gab kein Ende. […] wie schafft ihr es da draußen bloß, euch eine auszusuchen / Euch eine Frau auszusuchen / Ein Haus, ein Stück Land, das eures sein soll, eine Landschaft, die man sich ansieht, eine Art zu sterben …"

(Baricco 1994/2009, S. 70)

Ganz zu Ende der Geschichte lässt der Autor Novecento erzählen, wie er die ganze Intensität existenzieller Erfahrungen wie Liebe, Trauer, Wut, Staunen, Freundschaft und vieles mehr gerade durch die Konzentration erleben kann.

So fantastisch diese Figur auch erscheinen mag, sie rührt an viele grundlegende Fragen der Entwicklung, die in besonderer Radikalität dargestellt werden:
Die Welt des Schiffes, schwankend, immer in Bewegung und ohne festen Untergrund, wirkt wie ein Sinnbild der ständigen Veränderungen, denen Menschen heute ausgesetzt sind. Der Held der Geschichte macht sich diese unstete Welt nicht nur zum Lebensraum, er spielt mit dem Ungewissen und integriert es in sein Tun. So lädt er eines Nachts den Ich-Erzähler bei hohem Seegang ein, auf dem Klavierhocker an seiner Seite Platz zu nehmen. Er löst die Feststellung des Instruments und gleitet damit musizierend durch den Saal, ganz den Rhythmus des Schwankens aufgreifend und ihn doch beherrschend.

Novecento ist radikal selbst verantwortlich für seine Entwicklung, er ist Autodidakt oder, man würde in heutiger Diktion sagen, ein in höchstem Maße effektiver informeller Lerner. Gerade diese Eigenverantwortlichkeit schafft aber auch seine Originalität und Professionalität. Konventionen und Regeln beherrschen ihn nicht, sondern er sie. Dies bezieht sich sowohl auf seine Arbeit als Musiker wie auch auf seine Lebensführung. Er ist immer in spielerischer und distanzierter Haltung zum Üblichen.

Besondere Aufmerksamkeit wird auch der Wahrnehmung des Protagonisten gewidmet. Er ist – so eng der Lebensraum auch wirken mag – auf ganz außerordentlich intensive Weise mit der Welt verbunden. Er ist ein Hörer und Seher und in einen identitätsstiftenden und erfahrenden Dialog mit den anderen involviert.

Sein Versuch, das Schiff zu verlassen, wirkt wie eine auf das Minimum verkürzte Bildungsreise. Hier wird durch den Schritt auf den Landungssteg nur kurz, aber gründlich die Perspektive gewechselt, und Novecento schafft einen Neubeginn. Als er auf das Schiff zurückkehrt, ist er ein anderer und wird auch als solcher wahrgenommen: »Hast du gesehen, der neue Klavierspieler ist da.« (Baricco 1994/2009, S. 62) Diese von außen so fremd wirkende extreme Beschränkung eröffnet ihm die ganze Welt. Er trifft bewusst seine Wahl – aus dem Meer der Möglichkeiten.

Entwicklung ist hier in poetischer Form radikal in die Verantwortung der Person gelegt und auf sie zurückverwiesen – ein selbstverständlicher Gedanke, der sich immer wieder und neu als Herausforderung darstellt.

1.2 Wie dieses Buch entstand

Die Basis für dieses Buch liegt in langjährigen Erfahrungen mit der Lehrerbildung, die uns als Autorenteam zusammengeführt und einen kontinuierlichen Diskussionsprozess angeregt haben. Das Bestreben, Lehrerbildung immer stärker auf die Person und deren Kontext zu beziehen, sie sogar zum Ausgangspunkt des Lernens werden zu lassen, hat schließlich zur Entwicklung des *accompagnato*-Modells geführt.

Die grundlegenden Arbeitsprinzipien wurden in den 1990er-Jahren am Wiener Institut für Musikpädagogik in einer Reihe von Kursen entwickelt. Seit dem Jahr 2003 werden sie zusätzlich an der Musikhochschule Köln geführt. Angestrebt wurde zunächst die Integration verschiedener Phasen des Lehrerwerdens. Lehrerbildung, das wurde immer klarer, kann nicht in der Größenordnung eines Studiums gedacht werden. Vielmehr ist sie im Sinne des lebenslangen Lernens als ein unabschließbarer Prozess zu verstehen, der im Studium zwar angelegt wird, der aber in der Zeit der ersten Jahre des Lehrberufs einen besonderen Höhepunkt findet und in den verschiedenen Phasen des beruflichen Lebens unterschiedliche Entwicklungschancen bietet.

Angeregt wurde die Konzeption der Kurse, aus denen sich schließlich das *accompagnato*-Modell entwickelte, aber nicht nur durch die Arbeit mit zukünftigen und bereits im Beruf stehenden Lehrenden, in unserem Fall mit Musiklehrenden. Auch die Frage der Professionalisierung der Lehrerbildner selbst wirkte in die Arbeit hinein:

„*Train the Trainer!*"

wurde zu einem konzeptionell und praktisch weitreichenden Slogan. Eine der Konsequenzen war, dass neben den fachbezogenen Angeboten für Lehrende zunehmend Fortbildungskonzepte gefordert waren, die darüber hinaus die Persönlichkeitsentwicklung der im Lehrberuf Stehenden in den Blick nahmen.

In diesem Kontext entwickelte sich das Bild von den Lernenden als eigentlichen Experten ihrer Entwicklung, die dann eben nicht als Auszubildende, sondern als »Sich-Bildende« zu sehen sind. Für die Grundidee der *Begleitung* diente uns der italienische, vor allem in der Musik gebräuchliche Begriff *accompagnato* (»recitativo *accompagnato*«, das durch ein Orchester begleitete Rezitativ in der Oper) als Anregung. Dieses Prinzip der Begleitung wirkt in alle Phasen der Planung und Gestaltung von Lernprozessen, in die Förderung der Kommunikation, die Vorstellungen von Leistung und vieles mehr, und es ist bis zur Gegenwart eine ständige Herausforderung für uns selbst geblieben. Begleiter sind aber nicht nur Leiter und Leiterinnen von gezielten und formal organisierten Entwicklungsprozessen, also beispielsweise von *accompagnato*-Kursen, sondern im Wesentlichen die Kolleginnen und Kollegen selbst bzw. wechselseitig. Das Anlegen einer solchen Dynamik gehört zum Kern des hier vorgestellten Modells.

Das vorliegende Buch ist nicht zuletzt aus der Kommunikation mit vielen Menschen entstanden. Dazu gehören in erster Linie die Lehrenden und Studierenden, die uns an ihrer Entwicklung teilhaben ließen.

Eine besonders intensive Verständigung über die Grundgedanken fand anlässlich der Durchführung eines EU-Projektes statt, in welchem das *accompagnato*-Modell zum Ausgangspunkt für diverse Adaptierungen in mehreren Ländern Europas wurde. Aus diesen Begegnungen wuchsen zusehends Fragen nach einer schriftlichen Darlegung der Prinzipien, Hintergründe und Methoden des Modells, die uns zu dieser Publikation ermutigten.

Die mit verschiedenen Zielgruppen erprobten Kurse bilden zwar den Nährboden für die folgenden Ausführungen, mit der Arbeit am Buch entstand jedoch eine eigene Dynamik. Wie sollte man die Begleitung eines so individualisierten Prozesses veranschaulichen?

Wir haben uns dafür entschieden, die Prinzipien des Modells deutlich zu machen, seine Hintergründe mithilfe der Fachliteratur aus Pädagogik, Psychologie, Organisationstheorie, Soziologie und Philosophie zu beleuchten, durch Beispiele die Erfahrungen mit Kursteilnehmerinnen und -teilnehmern lebendig werden zu lassen und schließlich Übungen einzubauen, die einen Blick auf die Arbeitsweisen zulassen.

Dieses Buch richtet sich an Lehrende aller Schultypen und Fächer, an Lehrende an Hochschulen und Universitäten, an Personen in Lehrerausbildung und -beratung sowie in sozialpädagogischen Berufen und in der Bildungspolitik. Es mag der weiteren Diskussion, sachlichen Klärung und konzeptionellen Entwicklung dienen, vor allem aber der pädagogischen Praxis.

1.3 Wie man mit diesem Buch arbeiten kann

Das Buch ist so angelegt, dass es verschiedene Weisen des Lesens offen lässt. Zunächst einmal finden sich vier Textebenen:

- durchgängiger Fließtext
  (wie in den bereits gelesenen Teilen),

- Übungen,
  gekennzeichnet durch einen hellgrau unterlegten, nummerierten Kasten, wie z.B. auf Seite 19:

Lernen im Alltag **2**

- Welche Bezeichnungen bringen für Sie zum Ausdruck, dass Sie etwas gelernt haben?
- Wann benutzen Sie das Wort »lernen« für sich, außerhalb von Schule und Kursangeboten?
- Ist »lernen« ein von Ihnen häufig gewähltes Wort oder ein eher selten verwendeter Begriff?
- Führen Sie eine Zeit lang ein Tagebuch mit der Überschrift: »Was habe ich heute gelernt?«

- Praxisbeispiele,
  auf einen Blick erkennbar durch ihren Rahmen und den Buchstaben B wie Beispiel am Rand, siehe z.B. Seite 22:

Lernen als Suchbewegung – Transformatives Lernen

Frau K. ist im 8. Dienstjahr an einem Gymnasium tätig. Seit einiger Zeit bemerkt sie bei sich eine wachsende Unruhe und Unzufriedenheit. Sie leidet an Unterforderung. Ihren Alltag bewältigt sie mit großer Routine, aber es fehlen ihr neue Ideen und der Schwung im Unterricht. An den Leistungen ihrer Schülerinnen kann sie sich nicht mehr freuen.
Sie beschließt, eine Ausbildung in Supervision zu beginnen. In der Peer-Gruppe, die sie einmal im Monat für drei Tage trifft, werden Rückmeldungen geübt und eingeübte Verhaltensweisen analysiert.
Diese Schulung wirkt auf den Blick für ihre Schüler und Schülerinnen. Sie sieht sie mit neuen Augen, die Passung der Kommunikations- und Arbeitsformen steht zur Disposition, neue Herausforderungen werden sichtbar.

- theoretische Vertiefungen,
  ausgewiesen durch den gleichen Rahmen wie die Beispiele, aber mit einer Brille als Symbol für vertiefende Auseinandersetzung am Rand, wie z.B. auf Seite 26:

Die Autoren Martin De WAELE, Jean MORVAL und Robert SHEITOYAN (De Waele/Morval/Sheitoyan 1993, S. 9-12) haben sich mit der Fähigkeit zu autonomem Handeln innerhalb einer Organisation intensiv auseinandergesetzt.
Sie betonen die folgenden Eigenschaften und Haltungen, die autonomer Handlungsfähigkeit implizit innewohnen: ein ausgeprägtes Selbstvertrauen, eine optimistische Lebenshaltung, Vertrauen in das Lern-Potenzial von Menschen, Neugier und Offenheit sich selbst und anderen gegenüber und das Bewusstsein sich in ein soziales Netz einzufügen, in dem auch die anderen ihre Autonomie leben wollen.

Im durchgängigen **Fließtext** wird dargelegt, welche Ideen, Praxis-Ansichten und Überzeugungen dem *accompagnato*-Modell zugrunde liegen. Die Praxiserfahrungen, welche die Grundlage der Erörterungen bilden, sind zwar präsent, stehen aber hier im Hintergrund. Es geht vielmehr darum, das Modellhafte herauszuarbeiten, das für verschiedenste Praxisformen offen ist: beispielsweise für individuelles Qualitätsmanagement, für die Zusammenarbeit zweier Kolleginnen einer Schule oder Universität, die sich zu einem „Tandem" zusammentun; für frei zusammengestellte und selbstgesteuerte Gruppen von Lehrenden, die gemeinsame pädagogische Interessen vertreten, also etwa im Sinne von Intervision; für formal angebotene *accompagnato*-Kurse an einer Institution.

Um das *accompagnato*-Modell kennenzulernen, kann man diesen durchgängigen Text von vorn bis hinten lesen und die drei anderen Textformen (Übungen, Praxisbeispiele, theoretische Vertiefungen) beiseite lassen. In diesem Fall würde das individuelle Lesen der Systematik der aufeinanderfolgenden Buchkapitel folgen. Es mag aber durchaus sinnvoll sein, die Reihenfolge zu verändern und erst einmal zu sehen »Wie sich die Elemente zusammenfügen« oder sich mit dem Aspekt Werten – Auswerten – Bewerten im 5. Kapitel (»Wert schätzen«) zu beschäftigen.

Übungen: Die 44 Übungen, gekennzeichnet durch den grauen Kasten mit Zahl, dienen als praxisbezogene Veranschaulichung dessen, worum es jeweils in der Darstellung des Modells geht. Sie sind entweder so oder ähnlich in Kursen erprobt worden und darauf angelegt, dass sie punktuell oder systematisch durchgeführt werden können. In einzelnen Fällen wird darauf hingewiesen, dass ein Partner oder eine Gruppe hilfreich wäre. Das Repertoire an Übungen soll einen Einblick in die Arbeitsweisen geben, die von einer kontinuierlichen Bezugnahme auf die eigene Praxis lebt. Sie sind darauf angelegt, möglichst verschiedene Formen der Aktivierung zu initiieren. Über das Anregen von Reflexion durch verschiedene Aufgabestellungen werden Übungen zur Visualisierung, zur Vor-Stellung von Zukunftsszenarien oder zur Einbeziehung des Körperwissens angeboten.

Praxisbeispiele: Die Praxisbeispiele (im Rahmen, mit dem großen B am Rand) entstammen unserem Erfahrungshintergrund in der Leitung von Kursen; hier kommen explizit die handelnden Personen ins Spiel: ein Gespräch mit einem Kollegen, ein Blick ins Klassenzimmer, ein innerer Monolog etc. Die Situationen ergänzen das Modellhafte der Darstellung und sind dazu gedacht, sie lebendig werden zu lassen.

Theoretische Vertiefung: Die Textelemente, die wir mit dem Brillensymbol gekennzeichnet haben, sind Informationen und Anregungen zu theoretischer Vertiefung. Einerseits zeigen sie, aus welchen theoretischen Quellen das *accompagnato*-Modell genährt wurde. Andererseits geben diese kurzen Texte Hinweise, die zur weitergehenden pädagogischen Theoriearbeit genutzt werden können.

**2
Sich bilden –
wachsen auf gutem Nährboden**

2 Sich bilden – wachsen auf gutem Nährboden

2.1 Lernen – Bilder aus alltäglichen Situationen

Lernen geschieht überall. Lernen bezeichnet im Wesentlichen ein Verhalten, das die Kraft der Veränderung bis hin zur Verwandlung in sich trägt. Menschen tragen das Potenzial sich zu verändern ebenso in sich, wie sie auch darauf achten, diejenigen Bereiche ihrer Persönlichkeit mit aller Kraft zu bewahren und zu verteidigen, die sie als identitätsstiftend bewerten und beschreiben. Lernen umfasst daher sowohl die Anstrengung, etwas anders und neu zu machen, als auch die Bemühung, etwas zu verteidigen, weil es als wünschenswert erachtet wird.

> *Mit großem Ernst bei der Sache*
>
> Vor einer Kirche proben etwa 16-jährige Jugendliche mit Eifer Rollerblade-Akrobatik. Die Treppe dient ihnen als Herausforderung. Immer wieder üben sie, kombinieren Sprünge und drehen Pirouetten. Aus jedem Versuch wächst der nächste, jede Stufe wird vom Ehrgeiz zur nächsten getrieben – sie wollen besser und besser werden.
> Ihr Ernst ist durchaus vergleichbar mit einem Konzertvirtuosen, der für seinen nächsten Auftritt probt. Ihre Ausdauer wirkt so bestechend, dass die herumflanierenden Touristen stehen bleiben, um ihnen zuzusehen.

Die hier auftretenden Jugendlichen organisieren ihre Form des Lernens selbstständig. Ihr »innerer Lehrplan« ist geprägt von Beharrlichkeit und Genauigkeit, Konsequenz und Bereitschaft zu Wiederholung. Aus sich wiederholenden Vorgängen wird die Aufmerksamkeit auf Details gelenkt, an deren Verbesserung gefeilt wird. Die spätere Könnerschaft und Routine erwächst aus dieser Sorge um das Detail. Sie lernen voneinander und von selbst gewählten Vorbildern, die sie aus den Medien kennen.

Wir lernen am Arbeitsplatz, in Beziehungen, durch Bücher und Zeitungen, durch Radio und Fernsehen. Wir lernen auf Reisen, durch alltägliche Wahrnehmungen, in Gesprächen, beim Zuhören, im Museum oder beim Wandern auf einem Lehrpfad. Wir lernen, ohne dass uns jemand anleitet, ohne dass wir in organisierten Lehrveranstaltungen sitzen, allein durch unsere Neugier und Aufmerksamkeit, geleitet vom Wunsch, etwas zu wissen oder zu können.

> **Lernen auf Reisen**   **1**
>
> Erinnern Sie sich an eine kürzere oder längere Reise.
>
> - Welche Anregung, welche Herausforderung hat Ihnen diese Reise geboten?
> - Erinnern Sie sich an etwas, das Sie als Lernerfahrung bezeichnen würden?

Wir haben festgestellt, dass die Bezeichnung »lernen« bei vielen Erwachsenen gleichgesetzt wird mit einem organisierten, strukturierten Lernangebot, z.B. Internetkurs, Englischkurs, Weiterbildungsangebot usw.

> **Lernen im Alltag**   **2**
>
> - Welche Bezeichnungen bringen für Sie zum Ausdruck, dass Sie etwas gelernt haben?
> - Wann benutzen Sie das Wort »lernen« für sich, außerhalb von Schule und Kursangeboten?
> - Ist »lernen« ein von Ihnen häufig gewähltes Wort oder ein eher selten verwendeter Begriff?
> - Führen Sie eine Zeit lang ein Tagebuch mit der Überschrift: »Was habe ich heute gelernt?«

Die Jugendlichen, die eben noch Pirouetten gedreht haben, finden sich einige Stunden später in einer ganz anderen Lernumgebung wieder. Hier haben andere Personen die Entscheidungen darüber getroffen, was wann und wie gelernt wird.

> **Lehren und Lernen in einer Schulklasse**   **B**
>
> In einem eigens für diesen Zweck aufgesuchten Raum erhält eine Gruppe von Personen Anleitung, was wie und wann getan werden soll.
> Sowohl die Zeiten, in denen der Raum miteinander geteilt wird, als auch die Arbeitsformen, die nun abwechselnd gewählt und ausgeführt werden, sind den Anwesenden längst vertraut und in Rituale eingebettet: Begrüßungsrituale, Rituale des Lobs und der Grenzsetzung und Rituale der Zuständigkeit. Genaue Regelungen bestimmen, wann die Personen miteinander und untereinander sprechen und wann dies als Störung des Arbeitens gedeutet wird.
> Wie selbstverständlich übernimmt *eine* Person mehr als alle anderen dafür Verantwortung, ob die Aufgabenerfüllung von allen ernst genommen wird. Diese ist leitend tätig und steht im Vordergrund; sie strukturiert die Zeit und beurteilt das Verhalten und die Leistungen aller anderen im Raum.
> In dieser Form findet an unzähligen Orten auf der ganzen Welt schulisches Lernen statt.

Derartig organisierte Situationen finden in Wechselbeziehung zweier Rollen statt: Lehrende und Lernende bedingen einander wie zwei Seiten derselben Medaille. Eine Person trägt die Verantwortung für den Lernprozess der anderen Personen. Daran ändert auch die derzeit gesellschaftspolitisch erwünschte Betonung der Eigenverantwortung nichts. Wie die folgende Äußerung einer Schülerin zeigt, können Schule und lernen sogar als Widerspruch empfunden werden:

„In der Schule habe ich keine Zeit zum Lernen, das muss ich dann zu Hause tun."

Schule, wie sie hier skizziert wird, lebt von der Erwartung der Lernenden, dass die geforderten Fähigkeiten, Fertigkeiten und Wissensinhalte erstrebenswert seien und in der Folge auf einem durch Qualifikationen geprägten Markt in Arbeitskraft umsetzbar wären.

Die Gesellschaft und die sie leitenden ökonomischen Kräfte brauchen Menschen, die ihr ganzes Potenzial ausschöpfen. Lernen und Weiterlernen gelten als Mittel, um die ökonomische Leistungsfähigkeit der Menschen zu erhöhen, aber auch als Chance, im gesellschaftlichen Wandel zu bestehen. Lernen wird sowohl mit dem Erwerb vorzeigbarer Qualifikationen verbunden, um den dominierenden wirtschaftlichen Zielen zu nutzen, als es auch im Sinne eines Sich-Bildens gebraucht wird, mit der Möglichkeit, die Gesellschaft und Umwelt mit zu gestalten. In jedem Falle wird Bildung als symbolischer Wert, als Kapital angestrebt.

> Der Soziologe Pierre BOURDIEU spricht von Status als einem symbolischen Kapital, einem Tauschwert, den Menschen bereit sind zu erwerben, weil sie damit ein Ansehen verbinden, das ihnen in der Gesellschaft als besonders wertvoll vermittelt worden ist. Diesen Tauschwert würden sie auch anstreben, wenn damit ein erheblicher Aufwand, finanziell, zeitlich, verbunden ist (Bourdieu 1993/2008, S. 205 ff.).

Lernende erleben Lernsituationen als von außen gesteuert, wenn Zeit, Dauer, Lerninhalte und Methoden vorgegeben sind, Zensuren gegeben und vorbestimmte Qualifikationen erworben werden.

3 *Lernen und Status*

Erinnern Sie sich an eine Situation, in der Sie einen wichtigen Abschluss gefeiert haben. Abitur/Matura, Diplomprüfung, Promotion oder ähnliche Zeugnisse zum Berufsabschluss sind mit einem neuen Status verbunden.

- Wer bzw. was hat sich dadurch für Sie verändert?
- Wie wurde Ihr neuer Status von der Umgebung wahrgenommen?
- In welcher Weise hat sich Ihr Selbstbewusstsein verändert? Notieren Sie die auffälligsten Veränderungen auf einem eigenen Blatt.

Schulisches Lernen kann durch die praktizierten Formen unterschiedliche Erfahrungen strukturieren. Das Ausmaß an Freiräumen für den Einzelnen in der Gruppe und der Grad an Offenheit in Bezug auf Lerninhalte und -formen bewirken unterschiedliche Lernkulturen.

> *Lernen in offenen Räumen*
>
> In der Aula einer Schule sieht man Gruppen von Schülerinnen und Schülern emsig Plakate malen. Einige hängen ihre schon auf, andere sind noch mit dem Entwurf beschäftigt. Unweit davon sieht man eine dritte Gruppe eine Choreografie üben, und eine weitere scheint mit der Lehrerin eine wichtige Sache zu klären. Die Kinder stehen sehr nahe beieinander, in ihren Gesichtern zeigt sich Aufregung und Aktivität.

Die Großgruppe Klasse tritt hier zugunsten kleinerer Lernteams zurück. Die Teams haben ihr Thema aus einer Bandbreite von Möglichkeiten selbst gewählt und auch ihre Zeit selbst strukturiert. Prüfungen erleben sie in Form von dialogisch geführten Gesprächen. Ihre Lehrerinnen und Lehrer verwenden viel Zeit und Energie, um ihnen zu helfen und sie zu unterstützen.

Hier spürt man die Visionen der Reformpädagoginnen und -pädagogen des 20. Jahrhunderts, deren Ideen zu einer Fülle alternativer Schulformen beigetragen haben und die auch heute noch engagierte, charismatische Einzelpersönlichkeiten zu neuen Wegen inspirieren. Getragen sind sie alle von dem Wunsch, Lernen als Gelegenheit zu Freude und persönlichem Wachstum zu gestalten. In Europa entstehen derzeit viele Initiativen zu solchen Lernumgebungen, sie finden auch außerhalb des Klassenzimmers statt. Im Rahmen der Forscherferien in Kiel zum Beispiel organisieren die Universität und eine Stiftung über drei Wochen Ausflüge der Kinder zu Naturphänomenen – und damit eigentlich zu sich selbst.

> Der Erziehungswissenschaftler, Philosoph, Journalist und Regisseur Reinhard KAHL widmet sich der Frage nach positiven Lernumgebungen seit Jahrzehnten. Auf seiner Homepage http://www.reinhardkahl.de finden sich Informationen zu seiner Dokumentation »Schulen – Treibhäuser der Zukunft« und zu seinem Film »Kinder«.

Während in den beiden zuletzt beschriebenen Alltagsbildern (»Lehren und Lernen in einer Schulklasse« und »Lernen in offenen Räumen«) das Lernen viele sichtbare Attribute enthält, es also von außen Anhaltspunkte gibt, aus denen man schließen kann, dass Lernen stattfindet, bleiben unzählige Lernprozesse Außenstehenden erst einmal verborgen. Man kennt das Gefühl, plötzlich etwas neu verstanden zu haben, oder spürt ein inneres Beschäftigtsein. Das Innenleben läuft sozusagen auf Hochtouren.

In diesem Zustand beobachten Menschen genau und überlegen viel. Sie hinterfragen und betrachten eigene und fremde Verhaltensweisen kritisch. Der Prozess schließt ihre ganze Persönlichkeit mit ein. Außenstehende mögen eine Art wacher Aufmerksamkeit beobachten, ein gesteigertes Bedürfnis, Fragen zu stellen. Sie fragen weniger, was *man* tun soll, sondern was zu ihnen passt. Sie überprüfen ihre Einstellungen und Werte.

Diese Art von Lernen deutet auf einen längerfristigen Prozess hin, auf ein »Sich-Entwickeln«. Es wechseln plötzliche Aha-Erlebnisse mit behutsam vor sich gehenden Veränderungen. Dieser Entwicklungsprozess schließt mehrere Dimensionen mit ein und wirkt auf die gesamte Persönlichkeit. Erst nach einiger Zeit und aus einem gewissen Abstand heraus kann das neu erworbene Wissen und Können von den Beteiligten beschrieben werden.

> *Lernen als Suchbewegung – Transformatives Lernen*
>
> Frau K. ist im 8. Dienstjahr an einem Gymnasium tätig. Seit einiger Zeit bemerkt sie bei sich eine wachsende Unruhe und Unzufriedenheit. Sie leidet an Unterforderung. Ihren Alltag bewältigt sie mit großer Routine, aber es fehlen ihr neue Ideen und der Schwung im Unterricht. An den Leistungen ihrer Schülerinnen kann sie sich nicht mehr freuen.
> Sie beschließt, eine Ausbildung in Supervision zu beginnen. In der Peer-Gruppe, die sie einmal im Monat für drei Tage trifft, werden Rückmeldungen geübt und eingeübte Verhaltensweisen analysiert.
> Diese Schulung wirkt auf den Blick für ihre Schüler und Schülerinnen. Sie sieht sie mit neuen Augen, die Passung der Kommunikations- und Arbeitsformen steht zur Disposition, neue Herausforderungen werden sichtbar.

Wer sich in einem längerfristigen Wachstums- und Veränderungsprozess befindet, braucht Geduld, denn Veränderungen haben ihre Eigenzeit. Die Gedanken, Gefühle und vorhandenen Fähigkeiten geraten in innere Bewegung, und alles Erreichte hat eine Zeit lang den Charakter von etwas Flüchtigem. Menschen, die sich solchen Lernprozessen aussetzen, brauchen eher Begleitung als Instruktion. Was zählt, sind Empathie und ein Verständnis für Langsamkeit, scheinbaren Stillstand und sogar für vorübergehende Rückschritte.

Die Erfahrung, dass Entwicklung in Phasen und Stufen verläuft und ihrem Wesen nach einen Transformationsprozess darstellt, widerspricht vielen traditionellen Umgangsformen mit Lernen. Ein Umdenkprozess ist nötig, wenn nicht mehr der Stoff, sondern der Mensch mit seinen vielfältigen Bedürfnissen, Fähigkeiten und Grenzen im Mittelpunkt steht.

> Ortfried SCHÄFFTER spricht von Transformation, wenn Erwachsene sich in Institutionen mit Veränderungen auseinandersetzen. Transformationen erster Ordnung meinen Veränderungsprozesse einzelner Personen, die häufig durch Irritationen, Konflikte und/oder Krisen ausgelöst werden. Von Transformationen zweiter Ordnung spricht der Autor, wenn so viele Menschen Veränderungen zulassen, dass sie auf die Strukturen der

Organisation Auswirkung zeigen. Diese transformativen Veränderungen kommen einem Kulturwechsel gleich. (Schäffter 2001, S. 49)
Lernen wird als Suchbewegung verstanden, Ziele müssen erst gefunden werden: »Erlebt werden zieloffene Transformationen von den Betroffenen meist als Aufbruch, Ausbruch oder als verwirrende Umbruchsituation hinein in einen verunsichernden Schwebezustand. […] Der Zielbestimmungsprozess ist nur im Rahmen eines persönlichen Klärungs- und Entscheidungsprozesses durch Eigenbewegung des Lernenden innerhalb eines subjektabhängigen Möglichkeitsraumes zu erschließen.« (Schäffter 2001, S. 178-190)

Transformatives Lernen verdeutlicht den Prozess der Suchbewegung, die für neue Lösungen aufgewendet werden muss. Der Ausgangspunkt ist neu zu definieren, weil etwas von dem, was man kann und weiß, nicht mehr anwendbar scheint, etwas »verlernt« werden muss. Neue Sichtweisen werden entdeckt, erprobt und angeeignet. Es sind daher selbstgesteuerte Suchbewegungen notwendig, um in dieser Situation weiterzukommen.

Für diese Art von Selbstentdeckung findet der oder die Einzelne weder Vorbilder noch vorgezeigte Lösungswege. Die Lösung muss quasi »von innen her« ohne Vorbilder gefunden und entwickelt werden. Statt auf irritierende Erfahrungen normativ zu reagieren, empfiehlt es sich, die Spannung des Nichtwissens in einer »Denkpause« auszuhalten.

„Es wird klar, dass etwas unklar ist.
Man kann erkennen,
dass man etwas nicht deutlich zu erkennen vermag."

4 Höhen und Tiefen Ihres Entwicklungsprozesses

- Rufen Sie sich Ihren persönlichen und beruflichen Entwicklungsprozess in Erinnerung. Zeichnen Sie auf einem Blatt zwei Koordinaten. Die eine Koordinate enthält Zahlen von 1 bis 40 in Fünferschritten. (1-5-10-15 usw.). 40 ist herausragend positiv, 0 steht für einen Tiefpunkt. Auf der anderen Koordinate notieren Sie Ihr Lebensalter in Fünferschritten.
- Benennen Sie zuerst für Ihre <u>persönliche</u> Entwicklung relevante Markierungspunkte (z.B.: Schulbeginn, Familienereignisse, Unfälle, Erfolge etc.).
- Verbinden Sie die Punkte anschließend zu einer Kurve, die die Höhen und Tiefen ausdrückt.
- Zeichnen Sie anschließend eine zweite Kurve für Ihre <u>berufliche</u> Entwicklung.
- Vergleichen Sie nun die beiden Kurven. Notieren Sie auf einem Blatt zu jeder Phase den Gewinn, den Ihnen diese Erfahrung gebracht hat.

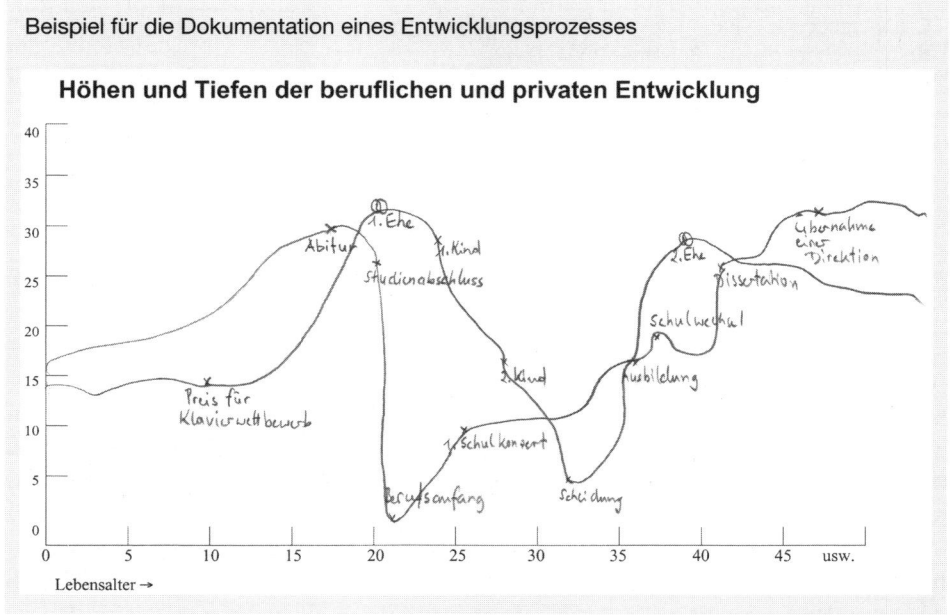

Beispiel für die Dokumentation eines Entwicklungsprozesses

2.2 »Sich bilden«

Menschen lernen ihr Verhalten, wie in den Alltagsbildern skizziert wurde, in unterschiedlichen Kontexten. Im Laufe des Lebens werden Umgangs- und Erfahrungsweisen in Zusammenhang mit Lehren und Lernen zu einer unhinterfragten Selbstverständlichkeit. Mit diesen Verhaltensweisen sind Rollenbilder verknüpft, die aus internalisierten abstrakten, stereotypen Erwartungen gespeist und mit den konkret erlebten positiven und negativen Emotionen angereichert werden. Ein Entwicklungsprozess, wie er hier für die Professionalisierung intendiert ist, bedarf daher immer von Neuem einer bewussten Auseinandersetzung mit solchen Mustern.

> In dem Buch »Wir alle spielen Theater« zeigt der Soziologe Erving GOFFMAN an unzähligen Beispielen, wie unser Alltagsdenken in der Gesellschaft durch derartige Rollendarstellungen sozialisiert wird. Wenn jemand eine etablierte soziale Rolle neu übernimmt, baut er diese auf einer vorgegebenen und »bereits etablierten Rollenfassade« auf. Der Einzelne muss in der Regel zwischen mehreren unterschiedlichen etablierten Fassaden wählen. (Goffman 1983/2009, S. 28)

Lehren als Beruf bedeutet die Begegnung mit solchen tradierten, widersprüchlichen Lehrer-Rollenbildern. Die äußeren Faktoren und Strukturen, die auf Lehrende einwirken, lenken von den eigenen Wünschen, Erwartungen und Visionen ab. Das Aushandeln derartiger Widersprüche fordert kritische Distanz. Dies ist entscheidend für die Wahrnehmung von Spielräumen und Gestaltungsmöglichkeiten im Beruf und letztendlich für das Verständnis von Autonomie.

> *Alte Rollenmuster*
>
> Eine Lehramtsstudentin betritt etwa anderthalb Jahre nach ihrem Abitur das erste Mal wieder eine Schule. Diesmal jedoch ist sie hier, um vor 14-jährigen Schülerinnen und Schülern ihre erste Stunde zu halten. Mit dabei sind vier Studienkolleginnen. Nach der Stunde erfährt sie verblüfft deren Rückmeldungen:
> »Du hast dich ja total verändert! Wir hätten nie gedacht, dass du das bist.«
> »Es hat gewirkt, als würdest du eine Rolle spielen, die Rolle einer unerbittlichen Person, der kein freundliches Wort und kein Lächeln gelingt.«
> Die Studentin bestätigt, dass ihr dieses Verhalten äußerst unangenehm gewesen sei, sie aber einen unerbittlichen Sog dahin gespürt habe.

In diesem widersprüchlichen Zustand zwischen vermeintlichem und tatsächlichem Sollen und Müssen setzt sich in einem Entwicklungsprozess erst das eigene Wollen durch. Die aufgesetzte Rolle wird allmählich in die eigene Persönlichkeit integriert und Teil der Identität. Eine Bewegung, die nicht geradlinig voranschreitet, sondern von Momenten des Vorgehens, Zurückdriftens, Innehaltens, Stehenbleibens und Weitergehens geprägt ist. Es wechseln Phasen des Erfolgs mit krisenhaften Zuständen, und Rückschritte sind unvermeidbar.

> *»Ich muss« – »Ich soll« – »Ich will«*
>
> Notieren Sie spontan, ohne viel nachzudenken, in drei Spalten oder (getrennten) Listen so viele Sätze wie möglich mit dem Satzanfang:
>
> „Ich muss …"
>
> „Ich soll …"
>
> „Ich will …"
>
> - Vergleichen Sie die Länge der drei Listen: Sind sie gleich lang? – Welche ist (auffallend) länger?
> - Können Sie ohne Weiteres zwischen den drei Satzanfängen wechseln? Fällt Ihnen das eine leichter als das andere?
> - Gibt es Inhalte, die genauso gut unter einem der beiden anderen Satzanfänge gesagt werden könnten?

Das Hineinwachsen in die berufliche Rolle Lehrer-Sein wird im *accompagnato*-Modell als eine Phase der Veränderung aufgefasst; sie betrifft die Persönlichkeit als Ganze. Veränderungsbereitschaft braucht Mut zum Lernen und Verlernen und ein Autonomieverständnis, das nur durch diese Bereitschaft wächst.

> Die Autoren Martin De WAELE, Jean MORVAL und Robert SHEITOYAN (De Waele/Morval/Sheitoyan 1993, S. 9-12) haben sich mit der Fähigkeit zu autonomem Handeln innerhalb einer Organisation intensiv auseinandergesetzt.
> Sie betonen die folgenden Eigenschaften und Haltungen, die autonomer Handlungsfähigkeit implizit innewohnen: ein ausgeprägtes Selbstvertrauen, eine optimistische Lebenshaltung, Vertrauen in das Lern-Potenzial von Menschen, Neugier und Offenheit sich selbst und anderen gegenüber und das Bewusstsein sich in ein soziales Netz einzufügen, in dem auch die anderen ihre Autonomie leben wollen.

Bildungsprozesse stehen in spannungsvoller Beziehung zu Formen ihrer Objektivierbarkeit. Die gegenwärtig in den Schulen geführte Debatte zeigt das Ringen um verallgemeinerbare Maßstäbe. Dabei gerät zuweilen ein Bildungsverständnis aus dem Blick, das sich durch radikale Reflexitität auszeichnet. „Sich-Bilden" steht in diesem Zusammenhang für einen lebensbegleitenden Entwicklungsprozess, den jeder unter zuhilfenahme von Bildungsangeboten selbst vollziehen muss. Diese unabschließbare, individuelle Tätigkeit kann von außen weder verordnet noch kontrolliert werden.

> „Der Mensch bildet sich."
>
> Dies stellt Hartmut von Hentig an den Beginn seiner Argumentation über Bildung. Doch: Was bildet den Menschen? Darauf antwortet von Hentig:
>
> „Alles, weil der Mensch auf Formung angelegt ist.
> Ist diese gewollt, nennt man sie Bildung."
>
> (von Hentig 1996/2007, S. 16)
>
> Eine sehr zeitgemäße Vorstellung von Bildung formuliert der systemkritische Philosoph FOUCAULT: Bildung bedeutet, dass »sich das Subjekt von seiner bestehenden Sicht der Dinge und seinem bestehenden Verhältnis zu sich selbst losreißen kann« (Volkers 2008, S. 104).

Das *accompagnato*-Modell spricht die Menschen in diesem Verständnis eines Sich-selbst-Bildens an. In der Form von Kursen bietet es den Teilnehmerinnen und Teilnehmern für ihre professionelle und individuelle Entwicklung eine Gruppe und eine besonders gestaltete Begleitung an. (Dieser Grundgedanke liegt – im Rahmen der Möglichkeiten des Mediums – auch diesem Buch zugrunde.)

Professionalisierung in diesem beschriebenen Sinn umfasst die Suche nach der eigenen Position inmitten der in den jeweiligen Schulen definierten Notwendigkeiten und vorgegebenen Vorstellungen von Unterrichts- und Schulgestaltung; dieses Suchen ist geprägt durch die lernbiografisch begründete eigene Geschichte.

„Bilde dich selbst!"

Diese Botschaft Wilhelm von HUMBOLDTs verweist auf ein unabgeschlossenes Projekt und lässt sich mit der aktuellen Grundidee des lebenslangen Lernens in Verbindung bringen. Eine Gesellschaft, die lebenslanges Lernen für die Einzelnen fordert, nimmt die Aufgabe auf sich, dafür nötige Haltungen und Fähigkeiten von früh an zu fördern. Dazu zählen auch neue, individualisierte Formen des Einübens in eine berufliche Tätigkeit.

In der Arbeit nach dem *accompagnato*-Modell – sei es durch Kurse, mithilfe des vorliegenden Buchs oder durch Kurs und Buch in Kombination – werden am Ende die Menschen nicht an einer bestimmten Stelle ankommen, sondern Einstellungen und Gewohnheiten überprüft und neu geordnet haben. Sich bilden kommt einem Abenteuer gleich: Im Mittelpunkt steht der Prozess der Entwicklung selbst – mit all seinen Offenheiten und Unvorhersehbarkeiten.

2.3 In Beziehung gehen

Lernen entsteht aus der Konfrontation mit dem anderen, sei es eine Sache oder ein Mensch, mit dem wir in Kontakt kommen. Wir treten in Beziehung und lernen dadurch. Die hohe Bedeutung von Beziehungen für das Lernen ist in der Pädagogik unbestritten. Dennoch wird sie im Alltag noch nicht entsprechend ernst genommen. Vielmehr scheint sich ein starker Glaube an den Stoff zu erhalten: Man müsse sich nur mit den richtigen Inhalten beschäftigen, um Bildung zu »erwerben«.

> *(Keine) Garantien für Gefahren*
>
> Diese Haltung erfahren auch wir immer wieder: In der Präsentation des Kurs-Modells *accompagnato* anlässlich einer Tagung wiesen wir darauf hin, dass sich jede Teilnehmerin und jeder Teilnehmer ein eigenes Anliegen aus dem beruflichen Alltag zur Bearbeitung wählen müsse.
> Dieses Vorgehen wurde von Einzelnen für bedenklich, ja sogar gefährlich gehalten.
> Es gäbe schließlich keine Garantie dafür, dass auch das *Richtige* gelernt werde …

Hier wird nicht nur der Lernende als Experte für seine eigene Entwicklung unterschätzt. Die Überbetonung des Stoffes, der womöglich noch als statische Größe gesehen wird, vernachlässigt außerdem die prägende Beziehungsseite des Lernens. Lernen ist zum einen ein In-Beziehung-Setzen, eine Form des Interagierens mit der Umwelt. Zum anderen werden über die Lerngegenstände Inhalte auf der Beziehungsebene in beträchtlicher Menge transportiert.

Was fällt uns zum ersten Schultag ein? Sind es nicht vor allem Menschen, Haltungen, Emotionen, die in Erinnerung kommen, also Facetten der Beziehungsebene? Sie sind nur nicht so gut sichtbar, etwa wie der Teil des Eisberges, der unter Wasser liegt (Reich 2005, S. 34). Es wird eine Menge gelernt durch die bloße Tatsache, wie Menschen sich darstellen und einander begegnen. Diese Ebene spielt nicht nur im Bereich des Atmosphärischen oder als Motivator mit, Lernen ist eine soziale Tätigkeit und dementsprechend zu würdigen.

> Der Pädagoge Kersten REICH geht sogar so weit zu sagen, dass Lernen immer ein kommunikatives Ereignis zwischen Menschen sei (Reich 2008, S. 17 f.). Er tritt mit seinem konstruktivistischen Ansatz u.a. dezidiert gegen die Vernachlässigung der Beziehungsebene beim Lernen auf. Diesbezüglich sei die Schule im deutschsprachigen Raum immer noch Entwicklungsland. Eine inhaltsdominante Schule oder die Vorstellung von inhaltsbezogenem Lernen ohne Beziehungen sei nicht nur eine Illusion, sondern bedeute auch qualitativ schlechte und ineffektive pädagogische Arbeit.

Folgt man diesem Gedanken, so sind Menschen füreinander als höchst relevante Lernumgebungen anzusehen. Dieses Potenzial steht jedoch nicht einfach zur Verfügung, sondern bedarf der Aufmerksamkeit für den Lernkontext: für die Beziehungen der Beteiligten untereinander, für das Gefüge und die Entwicklung der Lerngruppe, gegebenenfalls das Verhalten der Leiterin oder des Leiters usw.

- Welche Botschaften werden von Anfang an ausgesandt?
- Wie bin ich als Einzelne gefordert?
- Wer ist für den Lernprozess verantwortlich?

Das Gelingen eines Arbeits- und Entwicklungsprozesses nach dem *accompagnato*-Modell hängt davon ab, ob sich die Teilnehmer als Experten für ihre eigene Entwicklung und als professionelle Begleiter für jene der anderen Beteiligten verstehen lernen. Der Lernkontext kann ganz unterschiedlich bestimmt sein, beispielsweise durch individuelles Qualitätsmanagement oder durch zwei Kolleginnen einer Schule, die sich zu einem »Tandem« zusammentun; durch eine frei zusammengestellte und selbstgesteuerte Gruppe von Kollegen, die gemeinsame Interessen haben; durch einen formal angebotenen *accompagnato*-Kurs an einer Schule, Volkshochschule oder Universität: Die Gestaltung des sozialen Lernfelds – und in ihm ganz besonders die Schaffung von Gesprächsgelegenheiten – ist in jedem Fall wesentlicher Bestandteil der Arbeit.

Das folgende Praxisbeispiel schildert den Lernkontext eines *accompagnato*-Kurses an einer Universität und den Versuch, in einer heterogenen Gruppe das Gefühl für die Gleichwertigkeit der Einzelnen als Lernende zu stärken.

> *Begegnungen*
>
> Im *accompagnato*-Kurs werden bewusst Menschen in verschiedenen Phasen des Lehrerwerdens bzw. -seins zusammengeführt. Üblicherweise gibt es drei Teilnehmergruppen:
>
> 1.) Studierende,
> 2.) Lehrende in den ersten Berufsjahren sowie
> 3.) Berufserfahrene.
>
> Durch diese Mischung entsteht bei der Mehrzahl der Teilnehmenden zunächst die Vorstellung, in erster Linie würden diejenigen mit wenig Schulerfahrung von den anderen lernen. Es ist also eine der ersten Aufgaben für die Leitenden, nicht nur die Unterschiedlichkeit deutlich werden zu lassen, sondern auch die Gleichheit als Lernende.
> Die Teilnehmer werden gebeten, sich im freien Raum nach bestimmten Gesichtspunkten aufzustellen. Zur Einstimmung eignen sich Aspekte wie die Herkunft auf einer imaginären Landkarte am Boden oder die Länge des Wegs zum Kurs. Dann folgen Aspekte, die den Beruf ins Auge fassen, wie die Größe der Schule, an der die Teilnehmenden unterrichten bzw. ihre Praktika absolvieren (etwa nach drei Kategorien), die Unterrichtsfächer usw. Die Zusammenstellung erfordert erste, zwanglose Kontakte.
>
> Nach jeder Einheit folgt ein kurzes Gespräch mit Einzelnen oder den Gruppen zur Klärung ihrer Position. Diese Übungsfolge endet mit der Aufgabe, sich entlang einer imaginären Linie im Raum aufzustellen, an deren Polen folgende Positionen repräsentiert sind:
>
> „*Ich befinde mich gerade in einer starken Veränderungsphase.*"
>
> „*Ich befinde mich gerade in einer Phase der Festigung, Klarheit und Ruhe.*"
>
> Die beiden Punkte markieren fiktive Extrempunkte zwischen starker Umorientierung oder Konsolidierung in Studium oder Beruf, die dann entlang der Linie dazwischen besetzt werden. Diese Aufstellung ist der Impuls für das folgende Gespräch, bei dem alle zu Wort

> kommen und ihre Position erläutern. Ist die Gruppe größer als 15, erweist sich das Dazwischenschalten eines Kleingruppengesprächs zwischen denjenigen, die in der Nähe voneinander stehen, als günstig.
> Diese Übung rückt die Ausgangserwartung meist zurecht und bildet den ersten Schritt zur Wahrnehmung einer Gruppe gleichwertiger Lernender, ohne explizit darauf hinzuweisen. Die Erkenntnis entsteht in der Konfrontation, im Vergleich und im Austausch, also in sozialer Interaktion.

2.4 Wege, gemeinsam zu denken

B

> *Eine bekannte Situation?*
>
> Eine Referendarin an einem Gymnasium beginnt in der Pause im Lehrerzimmer ein Gespräch mit einem Kollegen. In der 8c gelingt es ihr bis jetzt nicht, eine angenehme Arbeitsatmosphäre zu schaffen. Insbesondere eine Schülergruppe scheint überhaupt nicht zur Mitarbeit zu bewegen zu sein. Als Neuling neigt die Referendarin ohnehin dazu, die Probleme zunächst ganz auf sich zu beziehen, hat sich nun aber ein Herz gefasst und den Kollegen angesprochen.
> Nach der Eröffnung des Gesprächs durch die Referendarin wird viel geredet, allerdings nicht mehr von ihr … Der Kollege kennt die Klasse gut, möchte gerne hilfsbereit sein und liefert Ratschläge zur Handhabung der Situation. »Ich regle das immer so: …!«
> Die Referendarin ist dankbar für die Tipps, auch wenn sie gleichzeitig spürt, dass die meisten nicht so recht zu ihr passen. Aber – was weiß sie schon und welche Alternative gibt es?
>
> Nach einiger Zeit stellt sich noch eine Kollegin dazu. »Die 8c? Mit der hatte ich noch nie Probleme.« Aber sie müsse schon zugeben, dass in der Klasse einigen Schülern die Reife für das Gymnasium fehle.
> Das ist der Auslöser für einen weiteren Kollegen, sich über die zunehmenden Konzentrationsschwierigkeiten der Schüler zu äußern, ein Thema, in das gerne weitere Kollegen und Kolleginnen einsteigen …

Es ist gut vorstellbar, dass die Referendarin am Ende nicht gestärkt, eigentlich nicht einmal gehört, zurückbleibt.

Was ist hier passiert? Schulen sind ein kommunikativ höchst forderndes Feld. In diesem Feld herrschen ausgesprochene und unausgesprochene Regeln. Gerade die impliziten Regeln haben eine beträchtliche Wirkung auf das Verhalten und prägen auch die vorgestellte Situation. Sie führen zum Umschalten auf den »Lehrerzimmer-Modus« im Gespräch, dem häufig folgende unausgesprochene Gesetze zugrunde liegen: Als erfahrener Lehrer hat man keine Probleme – oder man hat sie längst gelöst. Oder wo sie dennoch aufscheinen, liegen sie nicht in der eigenen Verantwortung oder im eigenen Ermessen (es liegt »am System«, »an den Schülern« …, vgl. die »Killerphrasen«, Kapitel 4.5).

Diese Dynamik ist stark und verführerisch, und sie sagt nichts über das tatsächliche Engagement und die Hilfsbereitschaft der Lehrer aus. Die vielen Stationen auf dem persönlichen Weg zur Entwicklung des so wertvollen Erfahrungswissens sind nicht mehr präsent oder werden mit all ihren Anstrengungen in den Hintergrund geschoben. Die ständige hohe Aktivitätsanforderung und das Gefühl von nie nachlassendem Zeitdruck stehen gegen das Zuhören. Man könnte noch weitere latent mitschwingende Realitäten aus dieser Situation herausfiltern, die ein Gespräch behindern, das zu Neuem führt und Lernen im Sinne einer nachhaltigen und wirkungsvollen Veränderung ermöglichen kann.

Die Entscheidung der grundlegenden Gesprächsrichtung geschieht meist schon kurz nach dem Beginn. Führt der Verlauf eher zu Nachdenklichkeit, zum Blick hinter die Oberfläche der Konventionen und schließlich zur Entdeckung neuer Erkenntnisse? Oder werden vorgefasste Positionen in mehr oder weniger qualitätvoller Weise gegeneinander gesetzt?

Die Beschäftigung mit dem Gespräch als Form, miteinander zu denken, geht weit über das Lehrersein hinaus. William Isaacs spricht von der »Kunst des Dialogs« (Isaacs 2002) und widmet sich diesem Thema aus der Perspektive des Organisationsberaters. Als entscheidend auf dem Weg zu dem Ideal des Dialogs gilt die Fähigkeit, die eigenen Gedanken und Meinungen zu suspendieren, sie in der Schwebe zu halten. Wo dies nicht gelingt, bleibt man im Gespräch für sich. Verteidigung, das Vertreten des Eigenen, stehen im Vordergrund, und altbekannte rhetorische Streitmuster werden aktiviert. Typisch ist der Eindruck, dass man schon vor dem Gespräch weiß, wer was wie vertreten wird und sich danach auch bestätigt fühlt. Im ungünstigsten Fall gibt es nur die Lösung Sieg und Niederlage.

Beim Zuhören entsteht immer eine Art »innerer Lärm«. Gedanken, Gefühle, Meinungen, Erinnerungen werden laut. Der oben erwähnte erfahrene Kollege hat vielleicht schon nach den ersten Stichworten die Situation durch eigene Erinnerungen aufgefüllt und sich zu eigen gemacht. Seine Gedanken und Reaktionsmuster treten in den Vordergrund und bestimmen den weiteren Verlauf. Erst die Bändigung dieses inneren Lärms, die Suspension des Eigenen eröffnet den Weg zu einem nachdenklichen Dialog (»reflexiver Dialog«), in welchem auch die dem eigenen Denken und Handeln zugrunde liegenden Regeln in den Blick kommen. Noch viel weiter gehend ist das Gespräch, in dem sich neue Denk- und Handlungsmöglichkeiten auftun, bezeichnet als »generativer Dialog«.

Die Grundidee dieses Dialogs wurde interessanterweise von einem Physiker entwickelt. David Bohm eröffnete in dem Buch »Der Dialog. Das offene Gespräch am Ende der Diskussion« ein Verständnis des Gespräches, das er als grundlegend für das Denken überhaupt erachtete.
Theoretiker im Umfeld des MIT (»Massachusetts Institute of Technology«) haben diesen Ansatz weiterentwickelt und in die Organisationsberatung eingebracht. Die zwei grund-

> legenden Richtungen des Gesprächs, wie sie im Text angedeutet wurden, finden sich ausgeführt in einer Skizze der Gesprächstypen bei ISAACS (Isaacs 2002, S. 48).
>
> Ein reiches Reservoir an Gedanken und Übungen zu diesem Thema bietet auch die Publikation von Johannes und Martina HARTKEMEYER (Hartkemeyer/Hartkemeyer 2005). Hier findet man speziell für den Lehrberuf wertvolle Hinweise.

Die Entscheidung für die eine oder andere Richtung trifft man nicht bewusst. Meist wird jedoch, wie im eingangs erwähnten Beispiel, nicht der Weg zum Dialog gewählt (Isaacs 2002, S. 44 f.). Gerade im Lehrberuf sind die rasche Kategorisierung des Wahrgenommenen und die spontane Handlungsfähigkeit in komplexen Situationen von größter Bedeutung. Zurückhaltung und Zeit gebendes Zuhören muss als kontrapunktisch zu den Alltagserfordernissen erlebt werden und bedarf nach unseren Erfahrungen einiger Aufmerksamkeit.

Für die praktische Arbeit nach dem *accompagnato*-Modell, egal in welchen Lernkontexten und -formen, ist Dialog im hier dargestellten Sinn von entscheidender Bedeutung. Er kommt beispielsweise in folgenden Gesprächssituationen zum Tragen:
- der geführte Austausch über Unterrichtserfahrungen,
- das »Hebammengespräch« zur Unterstützung der Anliegen-Findung[1],
- die Situationsbeschreibung mit anschließender Sammlung von Beobachtungen,
- die Fallarbeit oder
- das moderierte Gespräch nach dem Unterrichtsbesuch.

Ihnen allen ist die Einübung in das forschende Zuhören und das möglichst lange Offenhalten der eigenen Gedanken und Meinungen gemeinsam. Veranschaulichungen dieses Prinzips werden an verschiedenen Stellen noch folgen, insbesondere in Zusammenhang mit dem Gespräch nach dem Unterrichtsbesuch (siehe Kapitel 5.6, »Was ein gutes Gespräch braucht und bringt«).

2.5 Abstand finden, um Naheliegendes genauer zu sehen

»Oh, wie schön ist Panama« (Janosch 1978/2009) – so lautet der Titel einer Geschichte für Kinder, die mit dem Topos der Bildungsreise spielt. Janoschs zwei Helden, Tiger und Bär, brechen auf, um Panama als Land ihrer Träume zu finden. Sie lassen das Gewohnte hinter sich, machen die eine oder andere Begegnung und kommen schließlich ungewollt wieder an den Ausgangspunkt zurück. Durch die Erlebnisse und durch den Ausblick vom Gipfel eines Baumes auf die heimatliche Landschaft hat sich die Per-

---

[1] Sokrates nannte die Methode seiner Gesprächsführung »Hebammenkunst« bzw. »Maieutik«. Die Sokratische Gesprächsführung schafft schöpferische Distanz und lässt Raum für die Wertschätzung des Gegenübers. Dies regt die Fantasie an, Dinge auftauchen zu lassen, die bedeutsam sein oder werden können.

spektive verändert, und das Eigene wirkt im positiven Sinne »befremdet«. Neue Entdeckungen können gemacht, neue Bewertungen vorgenommen werden.

Abstand kann demnach gefunden, muss manchmal erst gewonnen werden. In solchen Redewendungen steckt schon der Wert der Distanz. Eine erkenntnisreiche Kontextverschiebung enthält auch die folgende internationale Begegnung.

> *Abstand gewinnen*
>
> Ein schwedischer Lehrer erhält Besuch von einer deutschen Kollegin. Sie möchte sich über das Schulsystem informieren. Während die Schüler und Schülerinnen in den Klassenräumen mit eigenständigen Arbeiten beschäftigt sind, unterhält er sich mit der Besucherin auf dem Flur.
> Nach wenigen Minuten macht sich bei ihr zunehmende Nervosität bemerkbar. Darauf angesprochen, bringt sie ihre Sorge darüber zum Ausdruck, dass die Schüler doch nicht unter Aufsicht stünden. Zur Nervosität kommt Verwunderung, als sie registriert, dass der schwedische Kollege diese Sorge nicht teilt, sie eigentlich gar nicht einzuordnen weiß. Das Erstaunen beider über das Verhalten des anderen ist Anlass für tiefe Einblicke in die Schulkulturen.

> Der »fremde Blick«
>
> Neueinsteiger in die Schule – Praktikant/innen oder Referendar/innen – bringen die »Gnade des fremden Blicks« mit.
>
> - Bitten Sie eine dieser Personen darum, eine oder mehrere Ihrer Unterrichtsstunden mit der folgenden Fragestellung zu beobachten und Ihnen darüber zu berichten: »Welche unausgesprochenen Regeln gelten hier?«

Die Entfernung vom Üblichen bedarf nicht unbedingt eines großen Aufwandes, und sie ist nicht immer räumlich zu verstehen. Manchmal genügt schon die Tatsache, dass ein und dieselbe Situation von verschiedenen Menschen gesehen und beschrieben wird. Teilweise ist sogar die bloße Tatsache, dass eine weitere Person anwesend ist, Anlass für einen Perspektivwechsel. Die Änderung einer Sichtweise muss auch nicht intendiert sein. Vielfach scheint sie einfach zu geschehen. In diesem Zusammenhang geht es darum, den Abstand zu ritualisierten Wahrnehmungsweisen zu schulen und das Ausloten verschiedener Perspektiven gezielt für die Verbesserung der Unterrichtsqualität einzusetzen.

Der »fremde Blick« oder die »Befremdung« der eigenen Perspektive entwickelt sich, angeregt durch die Ethnologie, auch für die Pädagogik zu einem Potenzial für die Erkenntnis- und Handlungsmöglichkeiten. Die Vielfalt an Lebensentwürfen, Wertesystemen und kulturellen Verhaltensweisen, die nebeneinander bestehen, haben die

Selbstverständlichkeit einer Verständigung in nächster Nähe infrage gestellt. Dies spiegelt sich natürlich auch in Schulen wider: Die Heterogenität der Lerngruppen nimmt zu und wird gleichzeitig auch stärker wahrgenommen. Ethnologen entdecken die eigene kulturelle Umwelt als Forschungsfeld. Diese Haltung und das methodische Werkzeug, das schließlich zum Fassen des Ungewohnten entwickelt wurde, beeinflussen die Pädagogik. Auch sie versucht Abstand zu gewinnen, um Naheliegendes besser zu sehen.

> Die »Ethnographische Pädagogik« hat sich bereits zu einem eigenen Forschungsfeld entwickelt. Peter ALHEIT spricht sogar von der »ethnographischen Haltung« als pädagogischer Schlüsselqualifikation. Sie geht über eine gewisse Empathiebereitschaft weit hinaus. So werden durch aus der Ethnologie entlehnte Methoden beispielsweise die unausgesprochenen Botschaften der Räumlichkeiten und ihre ästhetische Gestaltung in den Blick genommen. Schule wird als Ort von Ritualen aufgefasst, die Regeln des Umgangs miteinander und ihre Wirkung werden unter die Lupe genommen und insbesondere in schwierigen Situationen durch Fallanalysen vertieft. Immer geht es darum, bisher nicht sichtbare Hintergrundstrukturen aufzufinden (Alheit 2004).

Lehrende sind abhängig davon, die jeweilige Situation rasch einschätzen zu können. Dabei bilden sich Deutungsschemata. So wissen erfahrene Lehrende, welche Art von Lärm im Unterrichtsraum ein Eingreifen verlangt und was im Sinne eines fließenden Arbeitsprozesses gedeutet werden kann. Es ist mindestens ebenso wichtig, Kategorien für das Interpretieren der komplexen Unterrichtswirklichkeit zu schaffen wie sie immer wieder zu verändern. Das macht den Unterschied zwischen stärkender und lähmender Routine aus.

7 *Die unausgesprochenen Regeln*

Vergegenwärtigen Sie sich die Situation an Ihrem ersten Schultag als Referendar/in. Möglicherweise gab es sogar vor Ihrem ersten Arbeitstag einen Besuch in der betreffenden Schule, dann nutzen Sie diese Situation.
Holen Sie die Erstbilder wieder in Erinnerung. Sie bleiben normalerweise neben den späteren erfahrungsangereicherten Eindrücken im Gedächtnis haften.

- Welche Botschaften über die Atmosphäre, die Umgangsweisen der Personen untereinander, die unausgesprochenen Regeln, sind in den Bildern enthalten?
- Was hat dies bei Ihnen ausgelöst?
- Vielleicht haben Sie Gelegenheit, diese Eindrücke mit einem Kollegen oder einer Kollegin auszutauschen.

Außenperspektive, Multiperspektivität, der »fremde Blick« – in pädagogischen Prozessen gewinnen solche Zugangsweisen an Bedeutung. Sie haben alle mit einem veränderten Verständnis von Beobachtung und den Beobachtenden zu tun. Eine Grundlage wirkungsvollen pädagogischen Handelns, die Unterrichtsbeobachtung, erhält nach und nach eine neue erkenntnistheoretische Rahmung. Die Perspektive des Beobachters selbst wird mit einbezogen, ihre Bedingtheit zum Thema gemacht. Die Grenzen zwischen den Beobachtenden und den Gegenständen ihrer Aufmerksamkeit verlieren an Eindeutigkeit. Dies bezieht sich insbesondere auf die sogenannte »weiche Realität«, also auf den Bereich des sozialen Lebens. Indem der Beobachter ein Teil dieses Feldes ist, muss alles Wissen und jede Aussage darüber wiederum beeinflussend wirken. Bereits die Veränderung der Sichtweise birgt die Chance oder Gefahr in sich, das ganze System zu verändern.

Diese Tatsache scheint die ohnehin hohe Komplexität von Kommunikationsprozessen in der Schule noch weiter zu steigern. In diesem Zusammenhang wird jedoch auf den hohen Nutzen des »Es könnte auch anders sein« Wert gelegt. In der Arbeit mit Lehrenden hat sich oft schon die beobachtende Konzentration auf etwas im Unterricht als erfolgreiche Strategie erwiesen. Abstand gewinnen und dadurch den Möglichkeitssinn schärfen ist ein Leitmotiv der in den nächsten Kapiteln beschriebenen Arbeit mit dem eigenen Anliegen.

2.6 Was wir schon immer wollten – und dann doch nicht tun

Lernen ist immer präsent. Bis zum Lebensende werden neue Verbindungen (»Synapsen«) zwischen den Nervenzellen unseres Gehirns gebildet, also neue Lernschritte geleistet. Die Grundlage für dieses existenzbegleitende Lernen ist die schlichte Tatsache, dass wir immer wieder mit unseren Möglichkeiten an Grenzen und Hindernisse stoßen. Deren Überwindung erfordert eine besondere Form der Aktivierung, die uns mit dem nötigen Werkzeug ausstattet, um der aktuellen Situation gewachsen zu sein. Nichtlernen ist also gar nicht möglich.

Es gibt jedoch Arten des Lernens, die mit dieser Sicht nicht umfasst werden können. Wenn jemand mit 50 beschließt, einen Kurs für Altgriechisch zu besuchen, weil ihn die Ästhetik der Sprache fasziniert, oder wenn jemand am Ende seiner Erwerbstätigkeit beginnt, ein Musikinstrument zu erlernen, so hat dies wenig mit existenziell zu überwindenden Hindernissen zu tun. Sich bilden hat vielleicht dort seinen Ursprung, wo dieser Punkt überschritten wird.

Auch das Lernen von Lehrern und Lehrerinnen im Laufe ihres Berufslebens spielt sich auf verschiedenen Ebenen ab. Es ist durchaus möglich, dass jemand seine Arbeit in dem Sinne beherrscht, dass der Alltag gut gemeistert wird. Es funktioniert alles. Wichtige Routinen sind erworben, und die anfängliche Unübersehbarkeit der Anforderungen ist dem Gefühl einer gewissen Übersichtlichkeit gewichen.

Das bedeutet aber nicht, dass Lernen auf einer tieferen Schicht geschehen oder gar als Notwendigkeit erlebt werden muss. Man kann bis zu einem gewissen Grad funktionieren, ohne dass der Kontakt zu den eigenen Motivationen sowie zu den Ideen und Visionen für den Beruf intensiv gepflegt wird oder dass ein dichter und lebendiger Austausch mit der Umwelt besteht. Das muss auch gar nicht als Mangel empfunden werden. Sind diese Ebenen jedoch einbezogen, eröffnen sich ganz neue Perspektiven, die schließlich auch auf die Berufszufriedenheit wirken.

Ein Anklang dieser Tiefenschicht des Lernens wird in einer Alltagserfahrung spürbar, die wohl jeder Mensch kennt: Man möchte eigentlich nach diesen oder jenen Prinzipien handeln und tut es dann doch wieder nicht. Oder – man hat bereits eine wichtige Erkenntnis für einen Veränderungsprozess gewonnen, kann diese aber noch nicht umsetzen. Teilweise fällt das sogar nur den Außenstehenden auf, und man selbst bleibt in der Illusion der Übereinstimmung von Intention und Handlung.

B

Widersprüchliches Verhalten

Frau K. beklagt sich bei ihrer Kollegin, wie wenig Zeit sie habe, weil die übernommenen Projekte sie schon jetzt an die Grenze ihres Arbeitsvermögens brächten.
Beide unterrichten an einer Schule, deren neuer Schulleiter Innovation und Engagement zum Marken-zeichen entwickeln möchte. Frau K. gehört seit Jahren zur Gruppe der Vorreiter in der Schulentwicklung. Nun nimmt sie sich allerdings vor, sich zurückzuziehen und keine neuen Projekte anzunehmen.
In der am nächsten Tag stattfindenden Sitzung führt der Schulleiter in neue Projektvorhaben ein und fragt, wer sich dafür zur Verfügung stelle. Zum großen Erstaunen ihrer Kollegin meldet sich – Frau K.
Im Nachhinein darauf angesprochen, ist die Verwunderung über die Diskrepanz zu ihren Vorsätzen groß. Ihr sei dies gar nicht zu Bewusstsein gekommen.

8 *Ein Verhalten mit verdeckten Widersprüchen*

Denken Sie an eine Situation, in der Sie ähnlich gehandelt haben.

- Welche Absichten hatten Sie ursprünglich?
- Welche Gefühle und Gedanken sind Ihnen in Erinnerung?
- Was taten Sie konkret? Und was sagten Sie konkret?
- Worin bestand der eigentliche Widerspruch (z.B. zwischen widersprüchlichen Absichten oder zwischen »Fühlen und Wollen« oder zwischen »Wollen und Dürfen«)?

Solche Widersprüche haben mit der Dynamik »mentaler Modelle« zu tun (Senge 2008, S. 213-250). Hierbei handelt es sich um ein Netzwerk an Vorstellungen und Überzeugungen, das wir uns aufgrund unserer Erlebnisse aufgebaut haben. Es ist unserem Bewusstsein nur teilweise zugänglich, prägt aber unsere Denk- und Handlungsweisen. Mentale Modelle könnte man auch als eine Gruppe von Glaubenssätzen bezeichnen, die aus früheren Erfahrungen abgeleitet wurden. Es findet also eine Art Verallgemeinerung statt, die später nicht mehr überprüft wird: SO IST ES. In unseren Tiefenschichten existiert eine Fülle solcher aus Erlebnissen und Erfahrungen gewonnener Rückschlüsse.

Wenn eine Einsicht diesen Modellen widerspricht, hat sie zunächst wenig Aussicht auf Umsetzung in der Praxis. Jemand kann z.B. vom Sinn des eigenverantwortlichen Lernens offiziell völlig überzeugt sein und diese Idee dennoch mit starken Kontrollhandlungen beim Lehren ständig unterlaufen.

Unsere mentalen Modelle bestimmen, was wir überhaupt wahrnehmen, wie wir es interpretieren und wie wir handeln. Sie prägen unsere Identität und stehen daher unter besonderem internem Schutz. So entwickeln Menschen geschickte Abwehrroutinen, um ihre mentalen Modelle vor einer kritischen Untersuchung zu bewahren. Dazu dienen unerkannte Verallgemeinerungen (»Abstraktionssprünge«) des Wahrgenommenen und das unbewusste Parallelführen verschiedener Theorien: einer verlautbarten und ausdrücklich nach außen vertretenen Theorie und einer praktizierten, vor sich selbst und nach außen nicht offengelegten Theorie, die aber die Handlungen bestimmt. Es wird einige Energie und viel Geschick darauf verwandt, mentale Modelle zu erhalten und sich vor der Bedrohung von Lernsituationen zu schützen. Man erreicht also paradoxerweise das nicht, was einem offiziell besonders wichtig wäre (Senge 2008, S. 222 f.).

> Die Auseinandersetzung mit den mentalen Modellen umfasst ein Kapitel des Buches »Die fünfte Disziplin« von Peter SENGE. In dieser Schrift stellt der Autor das Systemdenken als eben diese fünfte Disziplin und ihre Möglichkeiten im Bereich der Organisationsentwicklung dar. Er betont die prägende Bedeutung mentaler Modelle für die Entwicklungsfähigkeit der Einzelnen und ganzer Organisationen.

Das Offenlegen, Überdenken und gemeinsame Untersuchen mentaler Modelle ist also Voraussetzung für eine grundlegende Verhaltensänderung. Das *accompagnato*-Modell stellt den Anspruch, diese Ebene einzubeziehen. Dies geschieht meist nicht direkt. So ist etwa die später noch beschriebene »Anliegen-Arbeit«, also das Auffinden eines persönlichen Lernthemas, nicht ohne die Berührung dieser Tiefenschicht möglich.

Der Zugang zu den mentalen Modellen kann auf verschiedene Weisen trainiert werden und erfordert eine Reihe von Fertigkeiten. SENGE und andere Experten geben Hinweise dazu.[2] An dieser Stelle sei eine Übung herausgegriffen, die den Unterschied zwischen dem, was wir tatsächlich tun, und unseren Absichten deutlich macht.

---

2 Senge, Die fünfte Disziplin, S. 227. Speziell die folgende Übung mit der „linken Spalte" (s. S. 38) geht zurück auf: Argyris, Chris (1999): Defensive Routinen. In: Fatzer, Gerhard (Hrsg.): Organisationsentwicklung für die Zukunft. Ein Handbuch. 2. Auflage. Köln. S. 179 und 184

> **9** *Zwei Verhalten – zwei innere Theorien*
>
> Wählen Sie eine Erfahrung aus der jüngsten Vergangenheit, in der Sie anders gehandelt haben, als Sie es sich vorgenommen hatten.
> Zur Analyse dieser Situation benutzen Sie ein Blatt Papier, das Sie in der Mitte durch einen Strich teilen.
>
> - In der linken Spalte tragen Sie nun alle Ihre eigentlichen Absichten ein, Ihre Gefühle, die Sie nicht geäußert haben, und die Sätze, die Sie gedacht, aber nicht gesagt haben. In der rechten Spalte tragen Sie ein, was Sie konkret gesagt und/oder getan haben.
> - Vergleichen Sie anschließend diese beiden Spalten.

Ein wichtiges Element im *accompagnato*-Modell ist der Umgang mit den eigenen Unterrichtserfahrungen. Sie sind als Ausgangspunkte für das Nachdenken oder als Anwendung eines theoretischen Impulses ständige Begleiter.

Hier wird die radikale Rückführung auf das Konkrete geübt, also auf eine klar bestimmte Situation, auf einen Zustand des Beispiels, das noch weitgehend vor der Verallgemeinerung und besonders vor möglichen Abstraktionssprüngen geschützt ist. Hiermit besteht auch die Chance, die eingeschliffenen Bewertungen ins Bewusstsein zu holen und frei für neue zu sein. Das mag zunächst einfach klingen. Die Erfahrung zeigt aber, dass hierfür durchaus Hilfen wie die folgenden Anleitungssätze wichtig sind.

> **10** *Zurück zur Beschreibung*
>
> Vergegenwärtigen Sie sich eine konkrete Situation aus Ihrem schulischen Alltag.
>
> - Notieren Sie alles, woran Sie sich erinnern: die Klasse, die Anzahl der Schülerinnen und Schüler, den Raum, die Situation, als Sie den Raum betraten.
> - Halten Sie möglichst viele Details der Situation fest.
> - Gehen Sie schließlich noch einmal durch Ihre Notizen und achten Sie auf alle Stellen, die Bewertungen und Interpretationen enthalten. Wie könnte die wertungsfreie Beschreibung stattdessen lauten?

Die Neigung, das Konkrete gedanklich zu überschreiten, daraus Prinzipien und Regeln abzuleiten, ist ein enorm wichtiges Hilfsmittel im Alltag. Kategorisierung und Interpretation sind schon im ersten Moment der Aufnahme von Informationen mit im Spiel. Das gilt natürlich erst recht für die Wiedergabe von Erinnerungen.

Sie wurden bereits einem Selektionsprozess unterzogen. Das bemerkt man immer, wenn zwei Menschen eine Situation beschreiben und dabei ganz verschiedene Elemente betonen bzw. weglassen. Das Erinnerte ist mit Bewertungen belegt, ruft Gefühle hervor, und all dies ist im Laufe des Lebens einem Veränderungsprozess unterworfen. So schaffen wir unsere Kindheit je nach Lebenssituation immer wieder neu. Manchmal tritt mehr die eine Erinnerung, manchmal mehr eine andere in den Vordergrund.

Die Arbeit mit Fallbeispielen muss diese Mechanismen berücksichtigen. Das konsequente Bestehen auf der genauen Beschreibung einer konkreten Situation ruft jedenfalls möglichst viele benennbare Einzelheiten auf und eröffnet zusätzlich die Chance, die automatische Verknüpfung mit unaufgedeckten mentalen Modellen zu entkoppeln. Dies erweist sich immer wieder als anspruchsvolles, aber bereicherndes Unternehmen.

2.7 Aus den Ressourcen schöpfen

Die Vorstellung von der Entfaltung eines Potenzials in den Menschen lebt mindestens seit der Pädagogik der Aufklärung in der Tradition ROUSSEAUS als Bild fort. Es ist also schon etwas oder sogar alles da? Wie stark die pädagogische Praxis tatsächlich darauf reagierte oder bis heute reagiert, ist ein Thema für sich. Auffallend ist jedoch, dass in den letzten Jahrzehnten aus verschiedensten Bereichen der Blick auf die Ressourcen im Menschen gelenkt wurde, also auf all das, was zur Lebenserhaltung und -verbesserung als wertvoll eingeschätzt wird.

Dieses Interesse ist nicht immer und vorrangig auf das Wohl der Einzelnen gerichtet. Schließlich wird das Humankapital – und der Begriff sagt wohl alles – in der Ökonomie hoch bewertet. Ein besserer Zugriff auf die Ressourcen des Menschen erscheint aus dieser Logik durchaus wünschenswert. Diese Akzentverschiebung auf die Stärken, die Talente, das Potenzial im Gegensatz zu den Schwächen, den Fehlern, den Problemen der Menschen birgt allerdings auch neue Möglichkeiten in sich.

Auch wenn dieses Grundprinzip nicht neu ist, scheint es eine Bühne für Ressourcenorientierung zu geben. Sie lässt neue Forschungs- und (Be-)Handlungsfelder mit neuen Wortschöpfungen in den Gesundheitswissenschaften und der Psychologie entstehen, die wiederum in die Pädagogik hineinwirken.

> Beispielhaft dafür seien drei Ansätze benannt:
>
> Mit »Empowerment« werden jene Ansätze bezeichnet, die auf den Stärken des Menschen aufbauend zur Selbstbestimmung und Lebensautonomie ermutigen. Der Begriff stammt aus der amerikanischen Gemeindepsychologie und wurde in den 80er-Jahren des 20. Jahrhunderts populär.
> Die »Empowerment«-Bewegung unterstützt die Selbstermächtigung des Einzelnen ebenso wie jene von Gruppen. Ihre Arbeitsfelder reichen von der Stärkung sozialer Randgruppen bis zum Einfluss auf Managementkonzepte. Sie hat schließlich auch in den Bereich der Erwachsenenbildung Eingang gefunden (Herriger 2006).

> Das in den 70er-Jahren entwickelte Konzept der »Salutogenese« geht von der Frage aus, was den Menschen gesund hält bzw. wieder gesund werden lässt, im Gegensatz zur Frage nach den Gründen für die Krankheit in der Pathogenese (Antonovsky 1979/1991).
>
> Die Resilienzforschung widmet sich bereits seit den 50er-Jahren der psychischen und physischen Stärke, mithilfe derer Menschen Lebenskrisen bewältigen, ohne längerfristige Beeinträchtigungen davonzutragen.

Ressourcen *hat* man nicht einfach. Sie sind keine eingelagerten Dispositionen, sondern aktive Konstruktionsleistungen, die von den Zielen, der Motivation und der Situation abhängen. Ihre Zugänglichkeit kann auch behindert sein, etwa durch Situationen der Überforderung.

Das hohe Maß an Anforderungen im Lehrberuf wird dort besonders stark spürbar, wo es noch nicht durch die Routinen und vielseitige Erfahrungen gebändigt ist. Die Menge an sozialen Kontakten, die ausgesprochenen und unausgesprochenen Botschaften der Lerngruppe wie der gesamten jeweiligen Schulkultur, die Auswahl der Lerngegenstände, die erst beginnende Übung im Anwenden von Methoden und die ständige Botschaft, so schnell und angemessen wie möglich zu reagieren, stellen in den beruflichen Anfangsjahren eine große Herausforderung und gleichzeitig eine einmalige Lernchance dar. Entscheidend ist in dieser Situation, das Lernen nicht durch eine längerfristige Überforderung zu verkürzen.

Diese Explosion von Ansprüchen kann nämlich durchaus als eine Art Notlage bezeichnet werden, die oberflächlich reaktives Verhalten einübt. So hat sich schon mancher Berufsanfänger Dinge sagen hören, die nicht zu seinen pädagogischen Grundsätzen passen, sondern vielmehr die Erinnerung an einen nicht einmal geschätzten eigenen Lehrer darstellen. Der Zugriff auf das eigene Potenzial scheint versperrt zu sein.

> Wie bei Lernen unter Angst die Wahrnehmung reduziert wird, lässt sich mittlerweile aus neurowissenschaftlicher Sicht belegen. So wird in einer Gefahrensituation noch vor einer eingehenden visuellen Verarbeitung des Stimulus eine Art schlechte Schwarzweißkopie an einen Teil des Gehirns (den Mandelkern) weitergeleitet. Das führt zu verkürzten und automatischen Reaktionen.
> Für die Aktivierung von Vernetzungen und kreativen Lösungen ist die Weiterleitung und Aktivierung weiterer Gehirnteile erforderlich. Angst und Notlagen prägen nachweislich den kognitiven Stil und damit natürlich auch die Handlungsoptionen (Spitzer 2002/2009, S. 162 ff.).

Auch wenn der Blick auf das Potenzial von Kindern und Jugendlichen bereits eine lange pädagogische Tradition hat, herrscht in Schulen eine Kultur der Defizitorientierung vor. Lehrende sowie Schüler und Schülerinnen werden in diesem Klima eher auf das Wahrnehmen von »Fehlern« und Schwächen eingestellt als auf die differenzierte

Diagnose von Stärken. Wenn wir die Lehrenden in den Gesprächen nach den Unterrichtsbesuchen bitten, möglichst viel Gelungenes zu benennen, wirken sie zumeist irritiert, und die Rückmeldungen bleiben karg und eher undifferenziert. Sie sind hingegen bei sich selbst und bei anderen scharfe Beobachter von Mängeln. Ein Ausgleich der Diagnosefähigkeiten ist für eine persönliche Weiterentwicklung in diesem Arbeitsfeld unbedingt erforderlich.

Meine Ressourcen **11**

Denken Sie an Ihre bisherige Unterrichtspraxis. Rufen Sie sich eine möglichst »normale« Unterrichtsstunde in Erinnerung. (Am günstigsten ist es, wenn Sie sich direkt nach dem Unterricht eine Viertelstunde Zeit nehmen können.)

- Notieren Sie so detailliert wie möglich Gedanken zur folgenden Frage: »Was ist mir gut gelungen?«
- Konzentrieren Sie sich auf zwei bis drei besonders herausfordernde, aber auch bewältigte Situationen als Lehrender. Was hat Ihnen geholfen, diese Situationen zu meistern?

Diese Übung lässt sich durch die Zusammenarbeit mit einem Partner noch effektiver gestalten, wenn er Ihren Unterricht auch unter diesen Gesichtspunkten beobachtet und dazu Rückmeldungen gibt.

Schon die Wahrnehmbarkeit eigener Stärken ist keine Selbstverständlichkeit, geschweige denn ihre Aktivierung. Sie ist von einer Vielzahl von Faktoren abhängig: von der Routine im Identifizieren von Stärken bei sich und bei anderen, von der Stimmung, den Zielen und dem Wertesystem, das man selbst vertritt und das im sozialen Umfeld herrscht. Der letzte Punkt verweist auf die Schwierigkeiten, die Lehrende zwangsläufig in Institutionen mit starker Defizitorientierung zu gewärtigen haben.

Wirkungsvoll sind Ressourcen nur dann, wenn sie vom Einzelnen tatsächlich wahrnehmbar sind. In Psychologie und Psychotherapie werden subjektive und objektive Ressourcen unterschieden (Willutzki 2003, S. 97). Objektive Ressourcen sind jene, die nur Beobachter von außen feststellen können. Subjektive Ressourcen dagegen nimmt man an sich selbst wahr. Zwischen objektiven und subjektiven Einschätzungen können große Differenzen bestehen. Auch wenn die objektiven Ressourcen noch so positiv eingeschätzt werden, ist erst ihre subjektive Wahrnehmung entscheidend für den eigenen Handlungsspielraum.

Das *accompagnato*-Modell baut auf einer Sensibilisierung für die eigenen Ressourcen und auf ihrer Aktivierung mithilfe strukturierter Außenwahrnehmungen auf. Eine Verkörperung der Wirkkraft von Ressourcenorientierung bietet die folgende kleine Übung (Storch/Krause 2007, S. 173 ff.).

> **12** *Bewegungsfreiheit*
>
> - Stellen Sie sich so auf, dass Sie mit ausgestreckten Armen frei stehen können. Der Stand ist sicher, schulterbreit, der Oberkörper in normaler Haltung, die Arme fallen locker herab.
> Achten Sie darauf, den Platz, auf dem Sie stehen, während des gesamten Experiments exakt beizubehalten.
>
> - Strecken Sie die Arme seitlich aus und heben Sie sie bis auf Schulterhöhe.
> Drehen Sie den Oberkörper bei gleich bleibender Fußstellung in eine Richtung, so weit es Ihnen mit äußerster Anstrengung möglich ist.
> Merken Sie sich den Punkt, auf den Ihre Hand am äußersten »Anschlag« zeigt.
> Gehen Sie nun wieder in die Ausgangsstellung zurück (Oberkörper normal, Arme locker herabfallend).
>
> - Wiederholen Sie diese Übung nun nur in Ihrer Fantasie.
> Gehen Sie in der Vorstellung wieder in die Richtung.
> Zu Ihrem eigenen Erstaunen können Sie aber leicht noch ein Stück darüber hinausgehen.
>
> - Gehen Sie anschließend wieder in die Ausgangsstellung zurück.
> Wiederholen Sie diese mentale Übung noch zweimal und gehen Sie jeweils in Ihrer Fantasie noch weiter über den »Anschlagspunkt« hinaus.
>
> - Wiederholen Sie nun die Übung noch einmal mit Ihrem Körper.
>
> Üblicherweise können sich die meisten Menschen deutlich weiter drehen als beim ersten Versuch.

2.8 Angelpunkte suchen

Der Ozeanpianist in BARICCOS Erzählung (vgl. Seite 10) verbringt sein ganzes Leben auf einem Schiff. Er weigert sich, von Bord zu gehen, weil er fürchtet, sich in der Vielfalt der Welt zu verlieren.

So mag es vielleicht einem Lehreranfänger gehen, der mit einer Überfülle an Informationen, Ansprüchen, Empfindungen im Unterricht konfrontiert ist. Das Ganze, was auch immer dafür gehalten wird, wirkt unübersehbar und gleichzeitig scheinen doch hundert Einzelheiten eine sofortige Reaktion zu verlangen. Der Umgang mit dieser Fülle an Lernanforderungen scheint uns für ein effektives persönliches Qualitätsmanagement entscheidend zu sein.

Was bewirkt eigentlich eine gewünschte Veränderung, also eine nachhaltige Verbesserung des eigenen Unterrichts? Wo genau setzt man den Hebel an und wie funktioniert er?

> *Eine effektvolle Hebelwirkung*
>
> Eine schöne Metapher für eine effektvolle Hebelwirkung bringt Peter SENGE mit der Bewegung von Schiffen ins Spiel (Senge 2008, S. 83 f.): Das Trimmruder ist ein kleines Ruder am Hauptruder eines Schiffes. Es dient dazu, die Bewegung des großen Ruders zu erleichtern, und ist umso wichtiger, je größer das Schiff ist.
> Um die Richtung eines großen Tankers nach links zu ändern, würde man als Laie vermutlich starke Kraft von links auf den Bug und eventuell zur Unterstützung von rechts auf das Heck erwarten.
> Tatsächlich entsteht die richtungsverändernde Kraft durch eine Art Sogwirkung.
> Um das Heck nach rechts zu bewegen, dreht man das Ruder nach links.
> Das Wasser wird an einer Seite zusammengepresst, wodurch ein Druckunterschied entsteht, der das Schiff gewissermaßen herumsaugt.
> Das Trimmruder bewirkt denselben Effekt für die Bewegung des Ruders.
> Um das Ruder nach links zu bewegen, dreht man das Trimmruder nach rechts.
> Das Wasser, das um das Ruder strömt, wird auf der rechten Seite komprimiert und das Ruder durch den Druckunterschied nach links gezogen.

Dieses Beispiel enthält wesentliche Merkmale der effektiven Steuerung von gewünschten Veränderungen. Der Aufwand ist im Verhältnis zum Ergebnis eher gering. Die Maßnahme wirkt überraschend, fast gegen die vordergründige Logik verlaufend. Eine ähnliche Wirkung haben sogenannte paradoxe Interventionen, also Handlungen, die genau den erwarteten Reaktionen entgegenlaufen und gerade dadurch Erfolg erzielen.

Die Aktion entstammt nicht aus einer eindimensionalen linearen Denkweise, in der ein Problem in Einzelteile zerlegt und damit das Ganze aus dem Blick verloren wird. Sie berücksichtigt das Zusammen- und Wechselspiel vieler Komponenten. Sie hat Kontakt zur Komplexität und wirkt gerade durch die Konzentration auf einen Punkt.

Es gibt keine simplen Regeln dafür, wie man die stärkste Hebelwirkung erzeugt. Im *accompagnato*-Modell ist das Auffinden, Bearbeiten und Klären eines Anliegens jener Punkt, der diese motivierende Sogwirkung hervorrufen kann.

3
Anliegen klären

3 Anliegen klären

In diesem Kapitel geht es um die Frage, mit welcher Arbeitsform der persönliche Entwicklungsprozess am besten Richtung und Energie bekommt. Generell gibt es viele Möglichkeiten, die eigene Professionalität im Lehrberuf zu verbessern. Im Kontext des *accompagnato*-Modells stellen wir an den Anfang und gleichzeitig in den Mittelpunkt eine spezielle Form, die wir »Anliegen-Klärung« nennen.

Wer zugunsten seiner persönlichen Entwicklung konkret »zupacken« und gezielt Dynamik ins Spiel bringen möchte, braucht einen geeigneten Ansatz- und Konzentrationspunkt. Denn »die eigene Professionalität im Lehrberuf verbessern« – das ist ein unüberschaubarer, unabschließbarer Prozess. Von einem Anliegen aus, und das ist eine ermutigende Erfahrung, wird weit mehr in Bewegung gebracht, als in der Regel zunächst absehbar ist. Ein behutsam erarbeitetes Anliegen hat einerseits die bündelnde Kraft eines Fokus, in dem manches, was einem in der eigenen Entwicklung wichtig ist, auf einen Punkt, den »Brennpunkt«, gebracht wird. Andererseits hat es weitreichende Wirkung: Wie ein kleines Trimmruder (vgl. Seite 43) übt es eine überraschend starke Hebelwirkung auf das große Ruder aus, das den riesigen Tanker steuert.

13 *Kleines Anliegen mit weitreichender Wirkung*

Versuchen Sie, eine Zeit lang Ihre Aufmerksamkeit gezielt auf einen bisher wenig beachteten Aspekt Ihrer Arbeit zu richten, z.B.

- … wie sie die Unterrichtsstunde beginnen,
- … wie Sie Ihre Schülerinnen und Schüler ansprechen,
- … bei welchen Gelegenheiten Sie Schülerinnen und Schüler ansprechen,
- … wofür Sie Lob geben und wie Sie Konflikte angehen.

- Welche Beobachtungen machen Sie?
- Welche Konsequenzen hat diese Aufmerksamkeitsübung für Sie?
- Beobachten Sie die nun in Gang kommende Entwicklungsphase in der Klasse.

Anliegen-Arbeit ist im *accompagnato*-Modell kein einmaliges, punktuelles Unterfangen. Vielmehr führt sie im Kreislauf von „Anliegen klären – Konfrontationen inszenieren – Wert schätzen" zu weiteren, veränderten oder neuen Anliegen. Es ist ein Prozess voller Dynamik und Bewegung, das Anliegen wirkt wie ein Motor.

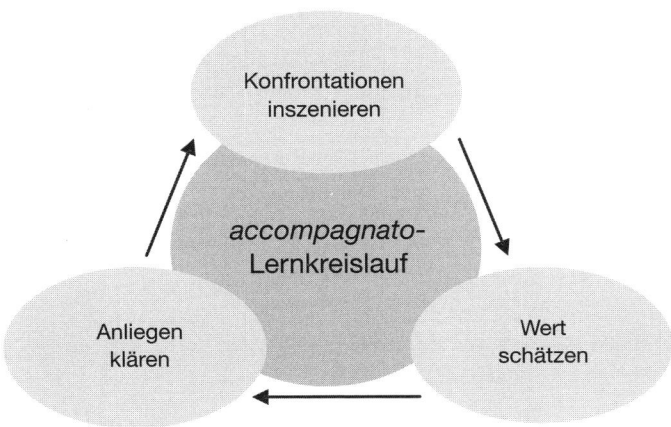

Der accompagnato-*Lernkreislauf, Version 1*

Diese Grafik zeigt die Hauptelemente des *accompagnato*-Lernkreislaufs. Von diesem Kern ausgehend findet das Bild im weiteren Verlauf des Buches eine Erweiterung: Es wird in ein Beziehungs- und Bedingungsgefüge eingebaut (Kapitel 5, »Wert schätzen«) und die Dynamik seiner Komponenten werden beleuchtet (Kapitel 6, »Wie sich die Elemente zusammenfügen«). Zunächst steht das Freilegen eines Anliegens als Initiation des Dreischritts im Zentrum.

> In der Alltagssprache wird die Bezeichnung »Anliegen« häufig synonym für ein Bedürfnis, einen Wunsch oder Plan verwendet.
> In der Fachliteratur findet sich dieser Begriff bei Schulz von Thun. Er bezeichnet damit ein Thema aus dem Berufsalltag, das die Seminarteilnehmer auswählen und das zum Ausgangspunkt für die Praxisberatung genommen wird (Schulz von Thun 2001, S. 27 ff.).

Im *accompagnato*-Modell greifen wir die Grundidee auf, berufliche und persönliche Entwicklung in enger Korrespondenz zu sehen und die Frage nach der eigenen Professionalität aus einem selbst gewählten Ansatzpunkt heraus zu entwickeln.

3.1 Einen Ansatzpunkt finden

Im Folgenden wird beschrieben, welche Wege eröffnet und gegangen werden können, um ein tragfähiges Anliegen zu finden. Dass Lehrer und Lehrerinnen »besser werden« und zunehmend professioneller arbeiten möchten, davon gehen wir aus.

Dieses Bedürfnis kennzeichnet nicht nur die ersten Jahre im Lehrberuf, sondern kann in verschiedensten Phasen und Umständen des beruflichen Lebens immer wieder ein bewegendes Thema sein. Aber wie kommt man aus diesem globalen Bedürfnis heraus in eine gute Startposition für einen Entwicklungsprozess? Wo ist überhaupt der Beginn?

Die Anfangsphase braucht angemessenen Raum, weil sie sich deutlich von anderen Formen des Lernens unterscheidet. Der im *accompagnato*-Modell vorgeschlagene Lernprozess beginnt mit einer Suchbewegung, er wird in einem reflexiven Prozess erarbeitet.

> SCHÄFFTER bezeichnet diesen Typus des Lernens als »reflexive Transformation« und unterscheidet ihn von zwei anderen Lernformen.
>
> - Die einfachste Form nennt er »lineare Transformation«. Damit ist ein Lernprozess von einem bekannten Punkt A zu einem ebenso bekannten Punkt B gemeint, wie in einfachen Übe-Tätigkeiten. Man will z.B. auf der Tastatur die Zehnfingertechnik lernen und eignet sie sich mit einem interaktiven Übungsprogramm an.
>
> - Die zweite Form nennt der Autor »zieloffene Transformation«. Man startet von einem Punkt, der als unbefriedigend, überholt, nicht mehr funktionell erlebt wird, das Ziel ist aber noch nicht bekannt. So kann man beispielsweise die richtigen Sätze eines Gedichtes beherrschen, dennoch gibt es viele Möglichkeiten einer überzeugenden Interpretation.
>
> - Die »reflexive Transformation« ist nicht nur offen im Hinblick auf das Ziel, auch der Ausgangspunkt ist noch nicht bekannt. Ein Beispiel dafür wäre die Anliegen-Arbeit im *accompagnato*-Modell. Sie bedeutet die komplexeste Form des Lernens (Schäffter 2001, S. 19-29).

Die angestrebte produktive Suchbewegung startet zunächst vor dem Hintergrund einer kaum durchschaubaren Komplexität. Spontane Ideen für ein Anliegen können hilfreich sein; sie können einem aber auch einen Bärendienst erweisen, weil sie von dem ablenken, was man grundsätzlich als wichtig und förderlich empfindet. Das trifft etwa zu, wenn der Veränderungswunsch von einer augenblicklich unangenehmen Stimmungslage geprägt ist oder wenn außengeleitete Zielvorstellungen dominieren: »Man sollte …«, »Ich müsste …« oder Von mir wird erwartet …« Ein Abstand von der augenblicklichen Situation ist demnach erst zu entwickeln.

Der Beginn rührt aber auch Wünsche und Befürchtungen auf. Sie sind ein notwendiger Teil des Prozesses und brauchen ebenfalls Raum.

Das »Züricher Ressourcen Modell« (ZRM), ein Konzept für ressourcenorientiertes Selbstmanagement (Storch/Krause 2007), greift für den gezielt gestalteten persönlichen Entwicklungsprozess das Bild des Rubikon auf. Das Modell, ursprünglich von Heinz HECKHAUSEN (Heckhausen 1989)[3] und Peter M. GOLLWITZER (Gollwitzer 1992) entwickelt, eignet sich besonders zur Darstellung von unterschiedlichen Motivationsphasen. Der ersten Phase widmen die ZRM-Autoren besondere Aufmerksamkeit. Sie nennen diesen Abschnitt des Weges »Das Bedürfnis«.

Das ZRM geht davon aus, dass es ganz entscheidend für die persönlichen Entwicklungschancen ist, sich auf angemessene Weise dem Land der Wünsche und Befürchtungen zuzuwenden, um diese Eigenwelt möglichst gut ins Bewusstsein zu holen. »Solange die Inhalte des emotionalen Erfahrungsgedächtnisses aber noch nicht bewusst sind, können sie nicht für die bewusste Handlungsplanung eingesetzt werden.« (Storch/Krause 2007, S. 87-89)

Die Autoren stellen das Bewusstmachen der unbewussten Bedürfnislagen in der Anfangsphase in den Mittelpunkt. Über Bilder und körperlich wahrnehmbare Gefühle soll der Zugang zum Selbsterleben eröffnet werden, wobei in diesem Modell vor allem positive Gefühle ausgelöst werden sollen. Darauf aufbauend wird über sprachliche Formulierung die Bewusstheit erhöht (Storch/Krause 2007, S. 161).

Das Land der Wünsche und Befürchtungen

14

Zeichnen Sie auf einem A4-Blatt in Querformat drei Spalten.

- Notieren Sie in der ersten Spalte Wünsche, die Ihnen spontan zur Verbesserung Ihres Berufsalltags in den Sinn kommen.
- Schreiben Sie in die zweite Spalte, welche Befürchtung oder welcher Mangel sich in dem Wunsch verbergen könnte.
- Notieren Sie in die Spalte ganz rechts, welches realistische Ziel Sie verfolgen möchten.

Ein Beispiel:

Wünsche	Die im Wunsch verborgene Befürchtung	Daraus folgend eine realistische Erwartung
angenehme Atmosphäre im Unterricht	Ich werde nicht anerkannt.	Ich erarbeite mit der Klasse Vereinbarungen zur Arbeitsatmosphäre.
…	…	…

---

3 Das Modell wurde 1989 erstmals dargestellt in der Publikation »Motivation und Handeln«. Im Literaturverzeichnis ist lediglich die Neu-Ausgabe aus dem Jahr 2009 angeführt.

Als geeigneter Ansatzpunkt für den Einstieg in die Anliegen-Arbeit wird im vorliegenden Kapitel ein Weg nachgezeichnet, der, mit den Wünschen beginnend, immer konkreter wird. Am Anfang stehen innere Bilder vom eigenen Unterrichtsalltag.

3.2 Bilder von der eigenen Professionalität entwerfen

Im *accompagnato*-Modell schlagen wir vor, mit einer »Gedanken-spielerischen« Besinnung auf den eigenen Unterrichtsalltag zu beginnen. Diese Arbeit der Aktivierung der inneren Vorstellungen zielt darauf ab, die Unmittelbarkeit und das Verwobensein im Alltagsgeschehen für einen Moment zu ersetzen und andere Perspektiven auf sich selbst zu aktivieren. So wird der Blick auf Bilder gelenkt, die unbewusst in uns wirksam sind und die zur Disposition gestellt werden können.

Fragen eröffnen ein reiches Potenzial an Sichtweisen. Sie können ungewohnte Vorstellungen geradezu provozieren. Es gibt umfassende Fachliteratur zur spezifischen Art von Fragen, welche die innere Vorstellung aktivieren und von dort aus Wege zu neuen Erkenntnissen eröffnen. In diesem Kontext sind sogenannte »systemische Fragen«, unter ihnen die »zirkulären Fragen«, besonders gut beschrieben.

> Sonja RADATZ erläutert beispielsweise anschaulich sowohl »Allgemeine Merkmale systemischer Fragen« wie auch »Systemische Fragetypen«, etwa Fragen nach Unterschieden oder Mustern, dissoziierende, zirkuläre, hypothetische oder paradoxe Fragen (Radatz 2000).
>
> Für »zirkuläre Fragen« sei insbesondere auf den Methodenpool von Kersten REICH verwiesen. Hier findet sich umfangreiches Material sowohl zum theoretischen Hintergrund als auch zu praktischen Fragen der Anwendung. Als entscheidendes Merkmal des zirkulären Fragens gelten dabei die Möglichkeiten, »sich in andere Positionen hinein zu versetzen und sich dabei auf einen Perspektivenwechsel innerhalb des Systems einzulassen« (Reich 2008; vgl. auch Simon/Rech-Simon 2006).

15 *Zirkuläre Fragen*

Diese Übung dient als Vorbereitung auf die folgenden Arbeitsschritte und als Einblick in die besondere Qualität von zirkulären Fragen.
Lassen Sie mögliche Antworten und Bilder zur Einschätzung Ihres Unterrichts auftauchen.

- Denken Sie an einen Kollegen: Was findet dieser an Ihnen besonders positiv?
- Würde Ihr/e Schulleiter/in dazu aufgefordert, Ihre Stärken zu benennen: Welche drei würde sie/er vor allem anführen?

- Wenn Sie in zwei Jahren Ihren Unterricht betrachten: Was wird sich im Verhältnis zu jetzt besonders stark, was eher wenig verändert haben?
- Angenommen, Sie arbeiten als Lehrer/in an der für Sie idealen Schule: Worüber würden Sie sich am meisten freuen?

In dieser Übung werden bereits innere Vorstellungen aktiviert. Man testet gewissermaßen Sichtweisen, eröffnet eine Kollektion an Bildern über die eigene Profession, die das Feld für die Anliegen-Findung bereiten hilft.

Lehrerinnen und Lehrer haben sehr unterschiedliche Vorstellungen davon, wieweit und in welcher Hinsicht von Ihnen berufliche Professionalität erwartet wird und wie sie diesem Anspruch gerecht werden möchten. Manche zögern überhaupt, diesen Begriff für ihren Beruf und die Art ihrer Tätigkeit zu benutzen; andere würden ihn primär auf ihr Wissen und ihre Kompetenz im Bereich ihres Faches beziehen (Physik, Geschichte, die französische Sprache, Sport, …), wieder andere eher auf das Pädagogische, also das Führen, Fordern und Fördern der Kinder und Jugendlichen in ihrer Entwicklung.

So sehe ich meine Professionalität im Lehrberuf **16**

Lassen Sie innere Bilder entstehen, die Ihnen die verschiedenen Aspekte Ihrer Professionalität deutlicher vor Augen führen und so klarer bewusst werden lassen. Machen Sie sich Notizen zu den folgenden Fragen:

- Welche Situationen sind es, in denen ich auf besondere Weise meine Professionalität erlebe?
- Wann und in Bezug auf welche Kontexte würde ich mich als »guten Lehrer« bezeichnen?
- Wenn eine bestimmte Kollegin oder ein Kollege mich einschätzen sollte: In welchem Sinne und angesichts welcher konkreten Situationen würde sie mich als einen »guten Lehrer/eine gute Lehrerin« beschreiben?

Aus solchen inneren Bildern können bereits konkrete Ansatzpunkte für eigene Entwicklungsprozesse entstehen, seien es solche, die bereits vorhandene Stärken ausbauen helfen, oder solche, die bisher noch weniger entwickelte Aspekte der eigenen Professionalität betreffen. Generell kann gelten, dass die positive Orientierung auf die eigenen Ressourcen die produktivere Strategie darstellt im Vergleich zur Betonung von Desideraten, Unzulänglichkeiten oder Mangelgefühlen, die man bei sich selber gern bearbeiten würde.

Betrafen die in den vorhergehenden Übungen geweckten Bilder im Wesentlichen die inneren Vorstellungen vom Status quo, so geht es im nächsten Schritt um Fantasien in die Zukunft hinein. Hier ist die anfangs angesprochene Welt der »Wünsche und Bedürfnisse« besonders bunt. Was sind Verbesserungen im Lehrberuf?

In der Literatur finden sich durchaus Kriterienlisten (Meyer 2008; Unruh/Petersen 2007) und Anregungen. Im Grunde werden vorwiegend Aspekte wie die Gestaltung einer förderlichen Arbeitsatmosphäre, die Kommunikationsfähigkeit, die Fähigkeit zu Leistungsdiagnose und -förderung beschrieben. Zunehmend spielt auch die Person des Lehrenden, seine Art, das Lernen als Beziehungsgeschehen zu gestalten, eine größere Rolle, und die Verantwortung als gestaltendes Mitglied einer Institution wird mitgedacht.

> Der Pädagoge Kersten REICH wählt einen Ansatz zur Beschreibung des Kompetenzspektrums von Lehrenden aus konstruktivistischer Perspektive, in welchem der Beziehungsseite des Lernens sowie der Person des Lehrenden ein besonders hoher Stellenwert beigemessen wird. Er spricht von »Beziehungsdidaktiker«, »Ermöglichungsdidaktiker« sowie vom Lehrenden als »solidarischen Mitmenschen«, der sich aktiv den Schwächeren und Benachteiligten widmet und neben dem Fachexperten gefordert ist (Reich 2009, S. 20), und stellt die Verantwortung gegenüber der Institution und ihrer Erneuerung durch den Kompetenzbereich »Innovieren« heraus (Reich 2009, S. 62).

Solche Systematiken zur Beschreibung von Ansprüchen an Lehrende sind wertvolle Orientierungen und Hinweise auf die pädagogische Philosophie. Sie ersparen aber dem einzelnen Lehrer bzw. der einzelnen Lehrerin nicht den möglicherweise mühevollen Weg der Selbstprofessionalisierung im Detail. Denn ob man sich im Feld der Kompetenzbereiche, um in dieser Sprache zu bleiben, je nach der individuellen Berufsphase, dem schulischen Kontext und der persönlichen Situation mehr dem einen oder anderen Entwicklungsthema zuwendet, bleibt jedenfalls zu entscheiden. Genau darin liegt aber die Faszination für den Autonomieraum im Lehrberuf. Der folgende Ausspruch einer Lehrerin verweist auf diese Qualität:

> *„Ich lerne an jeder Stunde, wie ich es anders machen kann,*
> *und habe die Chance,*
> *einen neuen Versuch zu starten.*
> *Das ist eine unendlich wertvolle Arbeitssituation.“*

Für das Anfachen eines individuellen Qualitätsmanagements sind Entwürfe in die Zukunft hilfreich. Sie werden im *accompagnato*-Modell auf verschiedene Weise angeregt und bieten Ansatzpunkte, die über die Alltagsrealität hinausreichen.

> **17**
>
> *Mein Berufsalltag in fünf Jahren*
>
> Wenn ich mir ein Bild davon male, wie in fünf Jahren mein Berufsalltag aussieht …
>
> - Was hat sich alles verbessert?
> - Was *soll* sich alles verbessert haben?
> - Was folgt daraus für meine gegenwärtigen Zielsetzungen?
>
> Wer dies in einer Gruppe von Kolleginnen und Kollegen tut, hat zusätzlich die Möglichkeit des Austausches über die aufgetauchten Bilder und die dabei entstandenen Gedanken.

Die Besinnung auf den Unterrichtsalltag aus einer Perspektive von realisierten und ersehnten Vorstellungen verbindet die Pragmatik des Alltags mit der inneren Seite, die sich in Form von Bedürfnissen und Wünschen oft nicht äußert oder zu wenig ins Bewusstsein gerät.

3.3 Dem Anliegen Form geben

Die ausführliche Auseinandersetzung mit der Welt der inneren Bilder und Visionen vom Unterrichten und in Bezug auf das eigene Können wird hier noch einmal mit den Wünschen und dem Wollen als Quellen des Anliegens in Beziehung gesetzt. Neben dem technischen Aspekt der Formulierung und Erprobung eines Anliegens werden solche Aspekte in diesem Kapitel weiterhin im Blick behalten. Dies ist keine Rückkehr, sondern vielmehr der Verweis auf einen Tenor der Anliegen-Arbeit, nämlich auf die fruchtbare Spannung zwischen dem Wunsch als Vorboten zu einem realistischen Vorhaben, das erst durch das Wollen tatsächlich auf den Weg gebracht wird.

> Vom Wünschen zum Wollen ist das Thema der sogenannten Volitionsforschung. Sie beschäftigt sich mit den Handlungsphasen und Bewusstseinslagen in diesem Prozess. Historisch wurde dieser Übergang zunächst von der Kognitionspsychologie behandelt. Während in dieser Forschungsrichtung einfache Wahlreaktionsaufgaben untersucht wurden, kommen erst mit motivationspsychologisch orientierten Volitionstheorien auch komplexe Handlungsabläufe in den Blick der Forschung.
> So stellt sich z.B. die Frage, wie Konflikte zwischen Absichten und konkurrierenden Motivationstendenzen entstehen und wirken (Goschke 2002, S. 270-335).
> Was spielt sich also hinter den Kulissen ab, wenn wir die eine Absicht verfolgen und die andere eben nicht. Das schon erwähnte »Rubikon-Modell« (vgl. Seite 49) ist dieser Forschungsrichtung zuzuordnen.

Für Lehrerinnen und Lehrer ist es ganz selbstverständlich, sich zu wünschen, dass sich dieses oder jenes verändern möge. Es scheint naheliegend zu sein, die eigenen Wünsche auf das Verhalten anderer zu beziehen. Wer hat sich als Lehrender nicht schon gewünscht, der oder jener Schüler möge toleranter, konzentrierter, engagierter sein? Hier geht es allerdings darum, die Wünsche auf den eigenen Handlungsraum zu beziehen bzw. sie in diesem Sinne umzudeuten.

18 » Ich möchte ...«

- Ergänzen Sie die Liste dieser Beispiele mit eigenen Ideen.

   „Ich möchte mit anderen Kollegen und Kolleginnen fachübergreifend arbeiten und meinen Unterricht auf deren Ziele besser abstimmen."

   „Ich möchte verstärkt offene Unterrichtsformen benützen und werde mich dafür einsetzen, dass es an unserer Schule häufiger Doppel- statt Einzelstunden gibt und regelmäßig Projektwochen durchgeführt werden."

   „Ich möchte eine gute Balance herstellen zwischen offenen Diskussionen über Arbeitsformen und Inhalte und dem Durchsetzen meiner Vorstellungen."

Im *accompagnato*-Modell wird das Abwägen der Bedürfnislagen in Richtung der Entscheidung für ein Thema fortgeführt und in einer konkreten Formulierung quasi vorläufig festgeschrieben. Die ersten Themenskizzen erhalten zur Überprüfung ihrer Profilierung und Alltagstauglichkeit verschiedene Orientierungen. Drei Grundsätze haben sich in diesem Zusammenhang besonders bewährt:

(1)   *„Es liegt in meiner Macht."*

Im *accompagnato*-Modell steht die persönliche Entwicklung der Einzelnen im Vordergrund, und sie ist nur dann beeinflussbar, wenn sie bei der eigenen Zuständigkeit und den jeweiligen Handlungsmöglichkeiten ansetzt. So wichtig die Entwicklung des Möglichkeitssinnes in dieser Phase ist, sie braucht als Korrektiv eine kontinuierliche Bezugnahme auf das jeweilige Arbeitsfeld, das die Person auf verschiedensten Schichten fordert. Die Zuständigkeit bezieht sich auf ein Handeln in bewusst einbezogenen und auszulotenden Kontexten.

Lehrende sind nicht nur Individuen mit besonderen Charakterzügen, Merkmalen und Wertvorstellungen, aus denen Wünsche entstehen. Sie sind darüber hinaus in der Schule einer Rolle verpflichtet und stehen für die Organisation, in der sie arbeiten, ungeachtet dessen, ob sie sich mehr oder weniger von deren Dynamiken und Regeln distanzieren wollen. Es ist eine der größten Aufgaben für Berufsbeginner, diese Ebenen stimmig ineinander zu führen. Für den Entwurf eines entwicklungsfördernden Anliegens ist das Bewusstsein für diesen Kontext essenziell.

3.3 Dem Anliegen Form geben **55**

Eva Renate Schmidt und Werner Berg stellen ein Schichtenmodell zur Verfügung, das die Einbettung der Menschen in einen hierarchischen organisatorischen Kontext verdeutlicht. Das Modell wurde zur Analyse von Konflikten entwickelt, dient an dieser Stelle aber zur Veranschaulichung des Gefüges, in dem sich Lehrende befinden (Schmidt/Berg 1995, S. 158f.; Lion 2002). Man kann sich die Schichten in konzentrischen Kreisen vorstellen.

- Im innersten Kreis steht die »Person« mit ihren unverwechselbaren physischen und psychischen Merkmalen.

- Die nächste Schicht bilden die »Werte«, die von der Person verkörpert werden.

- Geht man weiter nach außen, befindet man sich in der Schicht der nach außen sichtbaren Handlungen, der »Verhaltensweisen«.

- Die beiden äußeren Schichten zeigen den Einfluss der Institution. So bildet der vorletzte Kreis die berufliche »Rolle«, die Forderungen von außen enthält und persönlich so oder anders gefüllt werden kann.

- Ganz außen steht die »Organisation« als Gefüge von Gesetzen, Verordnungen sowie je nach Schule auch unausgesprochenen Regeln.

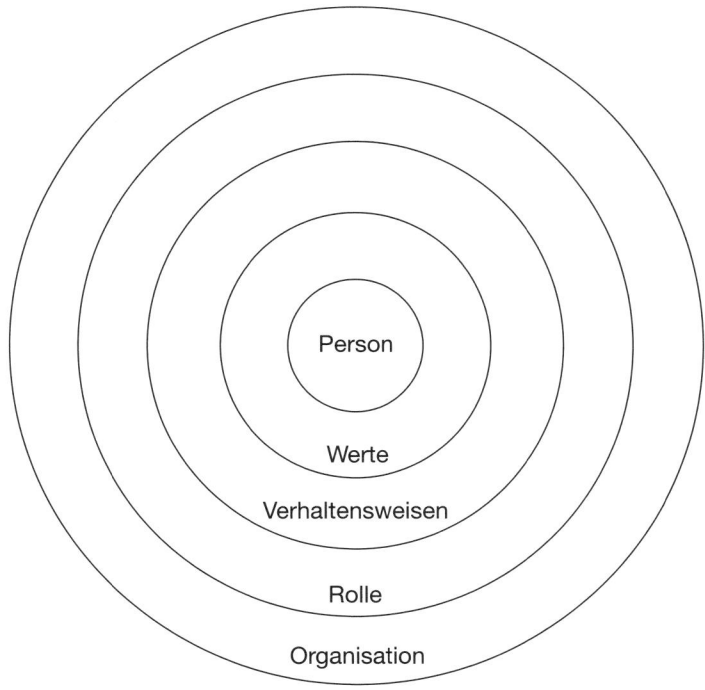

Anliegen, die stark auf der Ebene der Person ansetzen und die anderen Schichten außer Acht lassen, sind ebenso in ihrer Tragfähigkeit gefährdet wie solche, die sich in den tatsächlichen oder wahrgenommenen Vorgaben der Institution verlieren und den Kontakt zu eigenen Visionen außer Acht lassen.

Das Schichtenmodell kann helfen, die Spannung eines Anliegens zwischen Hoffnungen sowie Wünschen und realistischer Möglichkeit einzuschätzen und dem Gefühl der Zuständigkeit Nahrung zu geben.

(2) *„Der Zeitraum der Veränderung ist überschaubar."*

So schwer es Menschen fällt, Veränderungen auf sich zu nehmen oder sie in Gang zu setzen, so unbescheiden fallen erstaunlicherweise oft die Wünsche aus. Das Phänomen der Neujahrsvorsätze kennen alle! Experten aus Berufsgruppen wie Therapie und Coaching, für die Veränderung das Kernthema darstellt, rechnen mit der Eigenzeit solcher Prozesse (vgl. Kapitel 6.3, »Sich Zeit geben«) und wissen, wie viel Geduld sie von den Beteiligten fordert.

Die Begleitung von Lehreranfängern zeigt, dass die ersten Jahre unter anderem deshalb so besonders fordernd sind, weil Zeit und Energie in einem dilemmatischen Verhältnis zueinander stehen. Denn der berufliche Anfang entspricht einer Veränderungsphase, die eine Diskrepanz zwischen Können und Wollen, zwischen Sehnsüchten und Realisierungswegen mit sich bringt. Erst mit der Zeit lösen sich diese Widersprüchlichkeiten auf bzw. machen einer natürlichen Frustrationstoleranz Platz, die nur in einer vertraut gewordenen Systemumwelt und bei klarer Selbsteinschätzung möglich ist.

Die Qualität des Anliegens zeigt sich darin, ob es *Überschaubarkeit* in die Komplexität des Alltags bringt. Überschaubarkeit ist hier auch in Hinblick auf die zeitliche Dimension zu verstehen. Aus der Fülle der Veränderungswünsche wird ein Nacheinander entwickelt. Besonders Berufsanfängern fällt es schwer, diese Auswahl zu treffen, sich in diesem Sinne zu bescheiden.

Der jeweils mit dem Anliegen verbundene Prozess ist im *accompagnato*-Modell zeitlich begrenzt. Nach etwa vier bis sechs Wochen sollten sich deutliche Anzeichen für Entwicklung und kleine Erfolge zeigen sowie Möglichkeiten für die Adaptierung. In manchen Fällen eröffnet sich bereits ein Aspekt eines neuen Themas.

(3) *„Die Veränderung ist von außen nachvollziehbar."*

Unterstützende Kolleginnen und Kollegen stellen für den Anliegenprozess eine wertvolle Hilfe dar. Über das Anliegen mit anderen zu sprechen, sich nochmals zu vergewissern, ob man wirklich den eigentlichen Punkt getroffen hat, dient der Selbstkontrolle und dem Aufbau von Verbindlichkeit. Man selbst und auch andere können klarer sehen, in welchen Punkten die Anliegen-Arbeit im konkreten Schulalltag voranschreitet und wo man noch im Dunkeln tappt.

Hier deutet sich das Thema »Auswertung« an, das in Kapitel 5 (»Wert schätzen«) noch Raum erhalten wird. Formen der systematischen Begleitung des individuellen Prozesses machen diesen öffentlich und für einen selbst und für andere sichtbar. In einem ersten Schritt mag die Aufmerksamkeit auf das Explizierbare der Veränderung genügen.

Der Grundsatz der Nachvollziehbarkeit steht auch in engem Kontakt zum Thema »Beobachtung«. Die Einführung mehrperspektivischer Beobachtungstechniken ist von Anfang des *accompagnato*-Prozesses an mitzudenken. Das Thema wird besonders relevant, wenn das Anliegen mit der eigenen Unterrichtsrealität sowie mit den Innen- und Außensichten im Spezialfall Unterrichtsbesuch konfrontiert wird (siehe Kapitel 4, »Konfrontationen inszenieren«). An dieser Stelle liegt das Augenmerk darauf, dass der Anspruch der Beobachtbarkeit geeignet ist, die Konturen des Anliegens zu schärfen; es dient gewissermaßen als Kontrollinstrument für den Grad der Stimmigkeit.

Wie das Anliegen sichtbar wird **19**

Frau F. hat sich entschieden, mit dem folgenden Anliegen zu arbeiten.

> *„Ich möchte in der Klasse 11b konsequent an individuellen Stärken und Schwächen der Schülerinnen und Schüler ansetzen."*

- Wählen Sie aus unten stehenden Beobachtungen diejenigen aus, die für dieses Anliegen besonders wirksam sein können, und ergänzen Sie weitere:

    – Die Lehrerin gibt unterschiedliche Arbeitsaufträge.

    – Die Lehrerin organisiert eine Sitzordnung, in welcher sich Schülerinnen mit ähnlichen Stärken zusammenfinden.

    – Die Lehrerin organisiert Lerntandems.

    – Die Lehrerin gibt gezielt zu Stärken und Schwächen Rückmeldung.

    – Die Lehrerin zeigt Interesse und Freude am Fortschritt ihrer Schüler und Schülerinnen.

    – Das Lernklima in dieser Klasse wirkt angeregt, viele Schüler und Schülerinnen sind konzentriert bei der Sache.

    – Die Schülerinnen und Schüler fragen, wenn etwas unklar ist.

    – Einige Schülerinnen sitzen vor ihren Blättern und melden sich nicht zu Wort.

    – Man kann von außen keinen Unterschied erkennen, ob die Lehrerin manche Schülerinnen bevorzugt.

    – Manche Schülerinnen helfen anderen.

3.4 Im Gehen den Weg erschließen

Sich-Bilden kann als eine Art der Reise verstanden werden; der zu Beginn des Buches ins Spiel gebrachte Novecento (vgl. Kapitel 1.1) wäre dann ein ewig Reisender. Wenn man in diesem metaphorischen Raum bleibt, würden die hier dargelegten Gedanken zur Entwicklung eines Anliegens einer Reisebeschreibung entsprechen. Sie mag Fantasien wecken, man mag Bilder von möglichen Orten auf der Reise imaginieren, sich einen Eindruck von den Transportmöglichkeiten gemacht und erste Gedanken auf das mitzunehmende Gepäck verwendet haben. Die Reise selbst ist davon immer noch weit entfernt und ein unverwechselbarer Prozess. Dieser könnte etwa so aussehen:

Auf der Reise

Frau N. ist in ihrem 10. Dienstjahr. Sie unterrichtet Musik. Sie weiß grundsätzlich, wie sie in ihren Klassen Arbeitsbereitschaft herstellt und Lernfortschritte erreicht. Ein Thema drängt sich für sie immer wieder in den Vordergrund: Einige der Schülerinnen und Schüler sind beim Singen anscheinend nicht zu erreichen. Sie hören schweigend zu. Es hat den Anschein, als würden sie ihre eigenen Stimmen nicht mögen oder hätten ein unwiederbringliches Urteil über ihre mangelnde Musikalität gefällt oder … Aus dieser Situation und den damit einhergehenden Vermutungen entwickelt Frau N. folgendes Anliegen:

„*Ich möchte allen Schülerinnen und Schülern ermöglichen, neue und befriedigende Zugänge zu ihrer Stimme zu entdecken.*"

Dieses Vorhaben macht sich zunächst auf einer emotionalen Ebene bemerkbar, indem der Ehrgeiz geweckt scheint und sich anstelle der in eine Art Routine eingeschliffenen Hinnahme dieser Situation Neugier für ihre Hintergründe zeigt. Sie beschließt zunächst, darauf zu achten, wie sie der Klasse gegenüber das Singen und die Stimme ins Spiel bringt und wie genau welche Schüler und Schülerinnen darauf reagieren. Nach einiger Zeit fasst sie den aus ihrer Sicht ungewöhnlichen Entschluss, das Thema mit einer ausgewählten Klasse explizit zu machen und sich auf eine Reihe von Experimenten dazu einzulassen. Die Klasse arbeitet im ersten Halbjahr zwar durchaus bereitwillig mit, aber der Funke springt nicht über.

Über eine Kollegin erfährt Frau N. von einem Weiterbildungsseminar, das sie kurz entschlossen bucht. Eine Arbeitsform des Seminars besteht in gegenseitigen Unterrichtsbesuchen. Aufgrund der Rückmeldung der Gäste entsteht die Idee, den Schülerinnen und Schülern Zeiten ohne Kontrolle durch sie einzuräumen und sie in kleineren Gruppen oder alleine arbeiten zu lassen.
Die geplante Änderung des Arbeitsstils stellt sie allerdings vor eine Hürde: Sie kann sich nicht vorstellen, wie dieser Prozess effektiv verlaufen soll, und setzt wenig Vertrauen in die Selbstständigkeit der Schülerinnen und Schüler. Ihr Anliegen hat sich nun zu einem weiteren Anliegen als Zwischenschritt verändert:

„*Wie kann ich meinen Schülerinnen und Schülern besser vertrauen und dennoch die nötige Kontrolle über ihren Lernerfolg behalten?*"

> Sie erprobt nun verschiedene Möglichkeiten, den Lernprozess zu unterstützen und sich dennoch außerhalb der Plenumsphasen zurückzunehmen. Dabei entstehen kleine Lernteams, in denen Übungen weitergegeben werden, Audioaufnahmen zur Kontrolle machen die Schüler und Schülerinnen selbst und bringen sie zum Zeigen der Effekte in die Klasse mit. Sogar eine Reihe von Interpretationsvorschlägen für einen bekannten Song wird unabhängig entwickelt und dann in der gesamten Gruppe zum Thema gemacht.
>
> Insgesamt stellt sich heraus, dass dieser Weg offenbar hohes Interesse bei den Schülerinnen und Schülern weckt und sie zum Vorschlag weiterer Möglichkeiten anregt. Sie schätzen diese besondere Form der persönlichen Aufmerksamkeit mit Schutzraum und sind nun interessiert, in die nötige Übung zu investieren. Es erhöht sich der Anteil an Fragen und Vorschlägen vonseiten der Schüler und Schülerinnen, der den Prozess des Planens zu verändern scheint. Auch das ist eher ungewohntes Terrain.
> Am Ende des Schuljahres kann Frau N. auf eine Zeit zurückblicken, die erstaunlich viel Überraschung geboten und ihre Routinen gefordert hat. Das Thema ist bei Weitem nicht ausgeschöpft. Es strahlt auch in den Arbeitsstil mit anderen Klassen hinein. Diese Offenheit wirkt allerdings weniger beunruhigend denn als neuerliche Stärkung ihrer Berufsfähigkeit.

Da ein Anliegen immer die Komplexität des schulischen Alltags zutage bringt und damit verschiedene Ebenen gleichzeitig ins Spiel kommen, können die Details der Reise unmöglich vorausgesehen werden. Das ist das Erstaunliche an diesem Ansatz: Der Weg erschließt sich erst in der Gegenwärtigkeit des Tuns. Die Hindernisse – aber auch die überraschenden Möglichkeiten und Wendungen – werden erst im alltäglichen Handeln offensichtlich. Die Bereitschaft für diese Aspekte der Reise ist von diversen Bedingungen in Hinblick auf die Berufsphase, die Persönlichkeit und den Kontext abhängig.

Diese unvorhersehbare Route beinhaltet eine Fülle von Begegnungen – inneren und äußeren –, die mit dem Vorhaben konfrontiert werden, es prüfen, umlenken, stützen, hindern und vieles mehr. Die Dynamik solcher Begegnungen und ihre fördernde Nutzung werden im folgenden Kapitel, »Konfrontationen inszenieren«, ins Zentrum gestellt.

4
Konfrontationen inszenieren

4 Konfrontationen inszenieren

Der Begriff »Konfrontation« wird häufig für harte Auseinandersetzungen, für Kampf- und Machtspiele verwendet. Hier steht er hingegen für den starken Effekt, den das bewusste Gegenüberstellen von innen und außen, von Wunsch und Ist-Zustand auslösen kann. Im Folgenden wird in die Besonderheit dieser Konfrontation eingeführt.

4.1 Begegnung verschiedener Wirklichkeiten

Im Alltag wechseln zwei grundsätzlich widersprüchliche Erfahrungen: Eben hat man sich mühelos mit anderen verständigt, plötzlich entsteht eine Irritation und unterbricht das Gefühl der Gemeinsamkeit; der andere erscheint wie ein fremdes Wesen von einem anderen Stern. Um eine gemeinsame Basis muss neu und mühsam gerungen werden.

Sobald zwischen dem Innenleben und der Außenwelt Reibung entsteht, wird deutlich, dass jeder aus einer anderen Wirklichkeit heraus operiert, denn Außenwelt und Innenwelt stehen in ununterbrochener Verbindung: Die Außenwelt wird durch die Art, wie Erfahrungen interpretiert werden, zur Innenwelt. In ihr entstehen Bilder, die Wirkungen erzeugen und gleichzeitig als »Wahrheit« interpretiert werden. Auf diese Weise sind wir Prägende und zugleich Geprägte, in uns wirkt ein spannungsgeladenes Netz von Bedürfnissen, Wünschen, Hoffnungen, Emotionen, Zielen und Einstellungen. Sehr früh ausgebildete Vorstellungen bilden gleichsam eine Schwarz-Weiß-Welt. Sie wird als feste, unveränderbare Ordnung erlebt, die wir zu erhalten suchen.

> Fanita ENGLISH führt die Schwarz-Weiß-Welt darauf zurück, dass sich in der Entwicklung des Kindes die magische und die rationale Denkweise verbinden. Scheinbar Unzusammenhängendes wird verknüpft und als unveränderlich klassifiziert. So entstehen »innere Logiken«, wie z.B. der Glaube »Wenn niemand mit mir spricht, bin ich nicht von Bedeutung«.
> Fanita ENGLISH bezieht sich auf die von Eric BERNE entwickelte Transaktionsanalyse, die davon ausgeht, dass »Kindheits-, Eltern- und Erwachsenen-Ich« in unterschiedlicher Dominanz und Ausprägung in einer Person vertreten sind. Im Kindheits- und im Eltern-Ich verbergen sich Emotionen, die an solche früh erworbenen Glaubenssätze anknüpfen und eine unveränderbare Wirklichkeit suggerieren (English 2001, S. 21-23).

In unserer psychischen Innenwelt existieren starre Teile neben später erworbenen Denkweisen, die beweglicher sind. Manche Menschen verfügen über größere Freiräume als andere. Wenn die Begegnung mit anderen Irritationen auslöst, ist dies eine Gelegenheit, das innere Wirklichkeitsgefüge wieder neu zu entdecken und zu hinterfragen.

> *Alte Muster*
>
> Frau I. ist in einer Großfamilie aufgewachsen. Sie hat früh gelernt, sich nicht vorzudrängen. »Warte, bis du an der Reihe bist!«, lautete die Botschaft an sie. Sie ist mittlerweile Lehrerin und begegnet diesem Muster wieder, als sie mit einem Weiterbildungsangebot konfrontiert wird, das sie sehr interessiert. Es besteht die Möglichkeit, an einem Coaching-Lehrgang teilzunehmen. Innerhalb ihrer Schule kann nur *eine* Person das Angebot wahrnehmen, und die Schulleitung überlässt es den zehn Interessenten, sich zu einigen. Frau I. geht mit der inneren Haltung, keine Chance zu haben, in die Verhandlungsgespräche mit den Kolleginnen und kann kaum triftige Argumente für sich einbringen. Sie muss zusehen, wie der Ball an ihre Kollegin Frau S. geht, die sich überzeugend vertreten kann. Diese hat ganz andere Erfahrungsmuster gespeichert und in Streitgesprächen mit den Eltern oft ihren Willen durchgesetzt.

> *Stärken aus der Kindheit*
>
> Machen Sie sich Notizen zu folgenden Fragen:
>
> - Ähnelt meine innere Wirklichkeit mehr der von Frau I. oder der von Frau S.?
> - Auf welche Stärken kann ich mich verlassen, weil sie mir schon in der Kindheit mitgegeben wurden, und auf welche Schwächen muss ich aus eben diesem Grund achten?

Nicht nur die eigene Geschichte, auch die Institutionen, in denen wir leben und arbeiten, wie etwa die Schule, schaffen eine Wirklichkeit. Sie strukturieren das subjektive Erleben, indem sie bestimmte Erwartungen und Motivationen nahelegen und sie mithilfe von Rollen und Funktionen objektivieren. Das heißt: Sie verleihen dieser Wirklichkeit einen Absolutheitscharakter. So entsteht eine Welt, die sich selbst als richtig bestätigt und erhält, Schule und Schulsystem bilden demnach eine gesellschaftlich erzeugte Wirklichkeit.

> Dieses Phänomen beschreibt Pierre BOURDIEU als »illusio«. Die Spielregeln, die in einem Feld eingeführt sind, verleiten die Mitspieler dazu, an die Regeln dieses Feldes unumstößlich zu glauben und sich in dem Spiel zu engagieren (Bourdieu 2005, S. 73).

Insider eines Systems erleben die herrschenden Rituale und Regeln als unumstößlich und keineswegs als Illusion, im Gegenteil, sie neigen aus oben genannten Gründen dazu, sie nicht infrage zu stellen. Die zu dieser Wirklichkeit gehörenden Personen haben dafür den Erkennungssinn verloren. Es ist schwierig geworden, die Grenzen von Person und Umwelt, von innen und außen, von Ursache und Wirkung zu unterscheiden.

> John R. SEARLE nennt die so entstandenen Wirklichkeiten »institutionelle, gesellschaftliche Tatsachen«. Er versteht darunter »jede beliebige Tatsache, die mit Hilfe konstitutiver Regeln eine ›kollektive Intentionalität‹ aufbaut und damit laufend Zwecke und Absichten produziert. Die Abläufe sollen dann möglichst wie in einem Regelwerk funktionieren. Menschen, die an einer Institution teilhaben, sind in dieses Regelwerk eingebaut. Sie sind sich dieser Regeln nicht bewusst, sie folgen ihnen, haben sich an sie gewöhnt, weil sie längst kodifiziert sind.« (Searle 1997, S. 137)

Im *accompagnato*-Modell laden verschiedene Aufgaben dazu ein, das in der Schule wirkende Regelwerk besonders wahrzunehmen und es für die eigene Rollengestaltung bewusst zu hinterfragen, um Veränderungsspielräume auszuloten.

Besonders herausfordernd sind die latenten Paradoxien, die den Unterrichtsalltag ausmachen: motivieren und kontrollieren, loben und tadeln, leiten und loslassen, jeden als etwas Besonderes sehen und alle gleich behandeln usw. Solche Widersprüche können auch bei berufserfahrenen Lehrenden das Gefühl des Überfordert-Seins oder des Nicht-Genügens produzieren. Zu Beginn der Lehrtätigkeit wirken sie verunsichernd und verbrauchen viel Energie. Sie gehören zu den unauflösbaren Spannungsfeldern des Lehrberufs und verlangen während der gesamten Berufslaufbahn Beachtung.

21 *Paradoxe Widersprüche im schulischen Alltag*

Motivieren und kontrollieren

                        Auffordern und zurückweisen

    Loben und tadeln

                Fördern und selektieren

  Leiten und loslassen

                    Ermöglichen und vorgeben

Jeden als etwas Besonderes sehen und alle gleich behandeln.

- Welcher der oben genannten Widersprüche hat zu Beginn Ihrer Lehrtätigkeit Ihre innere und äußere Auseinandersetzung am meisten gefordert?
- Welcher der oben genannten Widersprüche beschäftigt Sie derzeit am stärksten und stellt Sie vor immer neue Herausforderungen?

Ein Charakteristikum moderner westlicher Gesellschaften ist die Pluralität nebeneinander existierender Wertesysteme. Sie hat für den Einzelnen die Möglichkeit gebracht, individuell und bedürfnisgerecht zu entscheiden. Menschen sind viel stärker dazu aufgerufen, ihre Probleme aus eigener Kraft zu lösen. Die hohe Veränderungsgeschwindigkeit der Außenwelt verlangt in immer kürzeren Intervallen Entscheidungen, die vor dem Hintergrund von unsicher gewordenen Wertvorstellungen getroffen werden müssen. Das neue Verhältnis zwischen Sicherheit und Freiheit wird nicht nur als Vorteil erlebt.

> Der Soziologe Zygmunt BAUMAN hat diesem Thema ein ganzes Buch gewidmet. In »Moderne und Ambivalenz« beschreibt er die Suche der Menschen nach Ordnung als eine Sehnsucht, die unzählige Widersprüche mit sich bringt. Als Beispiel nennt er den jahrhundertelang praktizierten Versuch, in Wissenschaft und Gesellschaft Normen einzuführen, die Eindeutigkeit herstellen. Die Ambivalenz, die zum Leben gehört, lässt zur Hintertür das Unbestimmbare und den Zufall wieder herein. Denn der Universalität steht die Wurzellosigkeit gegenüber, und aus dem Fehlen einer klaren Anweisung erwachsen Angst, Leere und Unsicherheit (Bauman 1998/2005).

Die Sehnsucht nach der einen, »richtigen« Lösung, nach einem genauen Trennen zwischen »richtig« und »falsch«, ist stark verankert. Sie trägt die Verführung in sich, lieber einer Autorität zu folgen, die diese Eindeutigkeit suggeriert, und dafür auf die mit großer Anstrengung verbundene Freiheit zu verzichten.

Am eindrücklichsten und radikalsten hat der Konstruktivismus als philosophische Richtung im 20. Jahrhundert diese Art von Eindeutigkeit verabschiedet. Der Mensch kann nur, zurückgeworfen auf seine subjektive Erkenntnismöglichkeit, Einsicht in die Phänomene des Lebens erhalten. Die Wahl zwischen unterschiedlichen Sichtweisen vergrößert die Freiheit, aber auch die Verantwortung.

> Prominente Vertreter des Konstruktivismus wie Heinz VON FOERSTER, Paul WATZLAWICK, Ernst VON GLASERSFELD, Humberto MATURANA, Franciso J. VARELA und Niklas LUHMANN verweisen auf die Freiheit des Menschen, ihr Leben in einer neuen Verantwortung bewusst zu gestalten. Verantwortung ist von Freiheit nicht abzulösen. Die Anerkennung einer einzigen, für alle gleich gültigen Wahrheit, wie sie jahrhundertelang von Glaubens- und Wissenschaftssystemen gefordert wurde, wird im Konstruktivismus mit den dem Menschen zur Verfügung stehenden Erkenntniswegen als nicht erreichbar erkannt. Selbstbestimmung und Selbstverantwortung sind Folgen der Erkenntnis, dass der Mensch letzten Endes auf sich selbst verwiesen ist (Maturana 1987/2009).

Das *accompagnato*-Modell zeigt eine Nähe zu den Sichtweisen des Konstruktivismus. Es baut auf der Bereitschaft der Personen auf, sich im Beruf eigene Wege zu suchen sowie Person und Rollengestaltung abzustimmen. Die Anliegen-Arbeit bedeutet durchaus auch zeitweilige Verunsicherung. Der Prozess bewirkt ein wachsendes Bekenntnis zur eigenen, unverwechselbaren Entwicklung. Er wird manchmal zur Gratwanderung zwischen eigenen Vorstellungen und Schulforderungen, zwischen idealisierten Vorstellungen und real zu meisternden Bedingungen.

> Schulz von Thun hat solche widersprüchlichen Auseinandersetzungen mit einem inneren Team verglichen (Schulz von Thun 1998/2008). Er zeigt Wege auf, wie durch »Verhandeln« der verschiedenen Gefühls- und Rollenanteile konkrete Alltagslösungen entwickelt werden können.

4.2 Konfrontationen als Chance

Sich selbst im Zentrum der beruflichen Entwicklung zu sehen und nicht das Fach bzw. den jeweiligen Unterrichtsgegenstand, führt zu einem Umkehreffekt: Die schulische Wirklichkeit wird dahingehend befragt, wie sie am besten und stimmigsten auf die Ziele der Personen abgestimmt werden kann, und nicht, wie die Personen am besten zur Schule passen. Es geht also darum, die eigenen Fähigkeiten in einem vertretbaren Ausmaß mit den schulischen Forderungen in Einklang zu bringen.

> Der Organisationsexperte Reinhard Sprenger betont in seinem Bestseller »Das Prinzip Selbstverantwortung«, die Organisation solle rund um die Person gebaut werden und nicht umgekehrt (Sprenger 2002).

Sobald ein Anliegen gefunden und geklärt ist, sind Konfrontationen mit den bisherigen Denk- und Handlungsmustern bereits implizit angelegt. Im Folgenden geht es um bewusste Inszenierungen der Begegnung zwischen dem Anliegen und dem alltäglichen Handeln. Denkbar sind viele Formen der Selbstbeobachtung, der Reflexion und des Gesprächs mit Freunden und Kolleginnen, des Einholens von Rückmeldungen oder der gezielten Thematisierung. Besonders gut geeignet dafür sind Unterrichtsbesuche. Diese Form wird hier mit besonderer Aufmerksamkeit bedacht und ins Zentrum gestellt.

Durch die Anwesenheit einer Beobachtergruppe ermöglichen die Unterrichtsbesuche den Beteiligten eine neue Erfahrung. Selbst wenn die Wahrnehmung nur geringfügig verändert wird, eröffnet sich bereits ein neuer Spielraum.

> *Unterschiedliche Erziehungsstile*
>
> Herr F. ist in einer Familie mit betont liberalem Erziehungsstil aufgewachsen und hat als Schüler eine Reformschule besucht, in der dem Verhalten untereinander viel Aufmerksamkeit gewidmet wurde. In seinem ersten Dienstjahr wird er einer Schule zugewiesen, in der ein stark direktiver Stil herrscht. Der Alltag ist durch Konkurrenzverhalten bestimmt;

Diskussionen über Inhalte und demokratische Arbeitsformen sind nicht üblich. Bald wird das Bemühen des jungen Kollegen, mit den Schülerinnen und Schülern die Inhalte auszuhandeln, als Schwäche ausgelegt. Es wird ihm unterstellt, er könne sich nicht durchsetzen und verschwende wertvolle Unterrichtszeit mit unnützen Gesprächen. Diese Situation im Hintergrund, bittet er zwei befreundete Kollegen um einen Unterrichtsbesuch. Gestärkt in seinen Zielen, nimmt er sich vor, einen demokratischen Diskussionsstil in der Klasse zu einem ausgewiesenen Leistungskriterium zu erklären und dieses Leistungsziel gegenüber den Schülern und Schülerinnen, den Kollegen und auch den Eltern zu kommunizieren. Durch diese Strategie kann er in relativ kurzer Zeit Kolleginnen und Kollegen für seine Ziele interessieren und gewinnen.

Wertmaßstäbe **22**

Beschreiben Sie die in diesem Beispiel aufeinanderprallenden Wirklichkeiten.

- Welche Prinzipien und Normen sind in dieser Schule eingeführt?
- Welche Prinzipien und Normen hat der junge Kollege durch seine Sozialisation als Schüler verinnerlicht?
- Gibt es ähnliche Wertmaßstäbe für Sie in Ihrem Unterricht, die durch die hier beschriebene Strategie unterstützt werden können?
- Welche Leitprinzipien verfolgt Ihre Schule?

4.3 Spezialfall Unterrichtsbesuch

Die Klasse als Ort der Begegnung verschiedener Menschen und deren Wirklichkeiten ist für diejenigen, die ihren Alltag dort erleben, nichts Besonderes. Außenstehende hingegen entdecken ein faszinierendes Leben, das eine Gruppe junger Menschen selbst hinter schulischen Strukturen ausstrahlt.

Im *accompagnato*-Modell stellt der Unterrichtsbesuch ein Kernelement dar. Der Besuch und das anschließende Gespräch werden als Begegnung im Sinn von »Gastgeber und Gästen« inszeniert. Die ansonsten geschlossenen Türen des Klassenzimmers werden bewusst eingeladenen Gästen geöffnet. Der Gastgeber stellt sein Anliegen als Ausgangspunkt für Beobachtungen zur Verfügung, das Gespräch danach hat den Charakter einer kollegialen Beratung.

Fokussiert auf das Anliegen, wird die Sicht auf das alltägliche Handeln mit den Perspektiven anderer konfrontiert. Die Unterrichtsbesuche, die im Schulalltag in der Regel als Kontrollbesuche erlebt werden, stehen hier im Dienste einer gedeihlichen Entwicklungsarbeit, und dafür brauchen sie eine sorgfältige Inszenierung.

23 *Willkommene Gäste I*

- Welche Personen eigenen sich als Gäste für einen Unterrichtsbesuch? Überprüfen Sie die folgenden Kriterien und stellen Sie gedanklich eine Gruppe zusammen:
    - Wer genießt Ihr Vertrauen?
    - Wer ist ein guter Beobachter?
    - Wer kann gut zuhören?
    - Wer ist bereit, die nötige Zeit und Ruhe zu investieren (eine Unterrichtsstunde und eine Stunde für das Gespräch)?

Beachten Sie: Die Gruppe besteht im günstigen Fall aus zwei bis drei Personen unterschiedlichen Alters und Geschlechts. Es müssen keine Fachkolleginnen bzw. Fachkollegen sein.

Willkommene Gäste II

- Reservieren Sie einen ruhigen Raum für ein einstündiges Gespräch nach dem Unterricht.
- Geben Sie dem Raum mit einfachen Mitteln eine angenehme Atmosphäre.
- Informieren Sie Ihre Gäste über Ihr Anliegen.
- Bitten Sie Ihre Kollegen um konkrete Beobachtungen.
- Überlegen Sie verbale und nonverbale Aufgaben zur Beobachtung: Was zu beobachten ist, soll hörbar, sichtbar und für Sie selbst spürbar sein.

Auf der Grundlage der Anerkennung solcher Regeln eröffnet der Unterrichtsbesuch einen unschätzbaren Einblick in die unterschiedlichen Wirkungen ein und derselben Verhaltensweise.

Unterschiedliche Reaktionen

Herr Z. bemüht sich rasch um Lösungen, wenn in seiner Klasse Konflikte auftreten, und erntet dafür sehr unterschiedliche Rückmeldungen.
»Er verhält sich wie ein Hauptmann, der für seine Soldaten an der Front steht. Ein demokratischer Umgang miteinander in der Klasse wird dadurch nicht gefördert«, lautet die Aussage eines Kollegen, der in der Schule ein Programm zur Stärkung der Eigenverantwortung durchführt.
»Er ist eine Art Klassenvater. Man hat den Eindruck, es wären seine eigenen Kinder, so sehr setzt er sich für sie ein«, meint eine Mutter, die immer in Sorge ist, dass ihrem sehr zurückhaltenden Sohn kein Unrecht geschieht.
»Er kann Wichtiges von Unwichtigem nicht unterscheiden und neigt dazu, alles selbst regeln zu wollen«, konstatiert die Kollegin, bei der er sich über seine Arbeitsüberlastung beklagt hat.

24 Verschiedene Brillen

- Denken Sie zunächst an eine Person aus Ihrem Umfeld, deren Verhalten Ihnen Probleme bereitet.
  - Welche Bilder und welche Motive könnten dieses Verhalten leiten?
  - Unter welchen Voraussetzungen wäre dieses Verhalten hilfreich?
  - Welche negativen Auswirkungen dieses Verhaltens nehmen Sie wahr?
- Denken Sie nun an eine Person, deren Verhalten Sie besonders schätzen.
  - Welche Bilder und welche Motive könnten dieses Verhalten leiten?
  - Unter welchen Voraussetzungen wäre dieses Verhalten kontraproduktiv?
  - Welche positiven Auswirkungen dieses Verhaltens nehmen Sie wahr?

Die Inszenierung der Unterrichtsbesuche gemäß dem *accompagnato*-Modell folgt dem folgenden Setting: Kleingruppen von etwa drei bis vier Personen aus unterschiedlichen Phasen der Berufstätigkeit kommen zusammen, Studierende mit punktuellen Unterrichtserfahrungen treffen erfahrene Kollegen. Der Unterrichtsbesuch orientiert sich an dem Anliegen des Gastgebers. Es lenkt die Aufmerksamkeit. Im Gespräch danach werden Akzente für die Weiterarbeit gesetzt. Gesprächsinhalte werden vertraulich behandelt, die Sichtweisen der Beteiligten werden respektiert. Die wünschenswerte Modellierung der Unterschiede ist erst auf dem Boden einer tragfähigen Vertrauensbeziehung möglich.

Um den Unterricht als Werkstatt für die eigene Entwicklungsarbeit sehen zu können, sind wenige, jedoch wichtige Prinzipien hilfreich. Eines dieser Prinzipien besteht in einer positiven Grundhaltung. Es bedarf einiger Übung, um auch die kleinen positiven Effekte zu sehen. Neugier und Wertschätzung für das Gelungene sind zu beachten und zu nähren.

Die Orientierung auf das Positive wirkt sich sowohl auf die Art der Beobachtungen aus als auch auf die Kommunikation und das Gespräch. Menschen wohlwollend zu beobachten, ihre Bedürfnisse und deren Ausdrucksweisen wahrzunehmen, lässt eine Begegnung erst entstehen; so kann es zu einer wechselseitigen Entdeckung von Neuem kommen.

Wilhelm BERGER und Klaus RATSCHILLER haben den Wert der Begegnung als »Kategorie der Gegenwartsbeschreibung« bezeichnet:

> Es gibt demnach keine Begegnung, die nicht in sich die Forderung erzeugt, anders als bisher zu denken und zu sprechen. Wäre eine Begegnung nicht reizvoll, wäre da also nicht die Erregung, anders als bisher zu denken und zu sprechen,

> *so hätte man eben nichts zu erzählen. Es wäre also nichts geschehen.*
> *Ein Leben in Einzahl ist nichts, nicht erzählbar und undenkbar, daher: am Ende.*
> *Oder vor dem Anfang. Von Begegnungen zu erzählen, bedeutet,*
> *in der Mitte des Lebens zu beginnen. Dieses Beginnen beherrscht niemand.*
> *Es gibt kein Können im Sinn von Fertigkeit, sondern nur ein Tun,*
> *an dem alle teilhaben und das deswegen nicht fertig ist.*
>
> (Berger/Ratschiller/Schmidt 2003, S. 83 ff.)

Der Gedanke einer positiven und respektvollen, dialogischen Grundhaltung wird im Kapitel 2.4 (»Wege, gemeinsam zu denken«) und 5.5 (»Was ein gutes Gespräch braucht und bringt«) aufgegriffen und vielfach begründet. In diesem Sinn stellen die Beobachtungen eine wichtige Grundlage dar, denn durch sie rückt die Vielheit der Sichtweisen deutlich in den Vordergrund; im *accompagnato*-Modell erhält sie besondere Beachtung.

4.4 Die Aufmerksamkeit lenken

Ein wesentliches Element des *accompagnato*-Modells ist die produktive Nutzung verschiedener Sichtweisen. Dies kann auf unterschiedliche Weise praktische Formen annehmen. Zu Beginn des Kapitels wurde gezeigt, wie eng Wirklichkeitsbilder und Beobachtungen zusammenwirken. Bewusst gewählte Beobachtungen erhöhen nicht nur die Aufmerksamkeit, sie eröffnen die Möglichkeit zur Neuinterpretation und lassen bisher Übersehenes in den Blick kommen.

> Der libanesische Autor Nassim Nicholas TALEB setzt sich in seinem Buch »The Black Swan« (Taleb 2008) mit der menschlichen Gewohnheit auseinander, schon eingeführte Beobachtungen aus der Vergangenheit auf die Gegenwart und Zukunft zu projizieren. Dadurch wird das sogar Offensichtliche übersehen.
> Am Beispiel des Anschlags auf das World Trade Center zählt TALEB unzählige Hinweise auf, die es für diesen Anschlag gegeben hätte. Das Buch enthält viele Beispiele, die diese besondere Dynamik beschreiben.

Beobachtungen stellen die Basis für all das her, was wir bemerken und was in unserer Alltagswelt zur Orientierung dient. In die Beobachtung implizit eingewoben sind unsere Bewertungen und Vorstellungen. Auch in den Denkgewohnheiten greifen wir im Alltag auf Beobachtungen zurück, die wir in der Vergangenheit gemacht haben und unüberprüft heranziehen, um unsere Umwelt auf uns bzw. uns auf die Umwelt abzustimmen.

Beobachtungen gehen jeder Kommunikation voraus, und Kommunikation wiederum ist nötig, um die Unterschiede in den Beobachtungen zutage zu bringen. Beobachtungen schaffen daher die Voraussetzung für Mitteilung, Widerspruch und kommunikativen Austausch.

„Beobachtungen können sich nur auf etwas beziehen,
das hörbar, sichtbar oder in Bezug auf die eigene Person spürbar ist.
Sie müssen beschreibbar und nachvollziehbar sein,
um der Kommunikation offen zu stehen."

Beobachtungen steuern die Auswahl dessen, was in den Blick gerät und was übersehen wird. Wenn mehrere Menschen, die sich gleichzeitig in einem Raum befinden, nach einiger Zeit gefragt würden, was ihnen bisher aufgefallen ist, kämen stark divergierende Aussagen zum Vorschein: Der eine hätte vermutlich die Wärme im Raum gespürt, der andere die schlechte Luft, der Dritte hätte das Bild an der Wand entdeckt, die Vierte den schönen Holzboden usw. Das Alltagsleben ist deshalb eine Quelle ständiger Missverständnisse, da die Unterschiedlichkeit der Beobachtungen im Normalfall unüberprüft bleibt.

Aufmerksamkeit gegenüber Beobachtungen ist ein erster Schritt, sich allmählich ein methodisches Werkzeug anzueignen, das auf vielfältige Weise in den Dienst der eigenen Entwicklung gestellt werden kann: Es kann genutzt werden, um bisher Übersehenes in den Blick zu rücken, um das Anliegen für den konkreten Unterricht zu präzisieren, um eigene Verhaltensweisen zu verändern, um klarer zu kommunizieren und vieles mehr.

Auf jeden Fall unterscheidet sich die Beobachtung als Technik von der Beobachtung als gewöhnlicher Alltagstätigkeit.

Beobachtungen für einen Unterrichtsbesuch **25**

- Formulieren Sie Ihr Anliegen schriftlich möglichst in einem Satz (vgl. die Übungen in Kapitel 3, »Anliegen klären«).
- Überlegen Sie, was andere in Zusammenhang mit Ihrem Anliegen sehen, hören, spüren könnten. Notieren Sie Ihre Ideen.

Das Anliegen:

„Ich möchte erreichen, dass während der Ansage von Arbeitsaufträgen
in der Klasse Ruhe und Aufmerksamkeit herrschen."

Die Beobachtungsaufgaben:

– Was können andere sehen oder hören?
– Sind die Ansagen verständlich, einladend und einfach?

- Wirken die Schülerinnen und Schüler motiviert?
- Wie viele wirken aufmerksam, wie viele erzeugen durch ihr Verhalten Unruhe?
- Durch welches Verhalten wird Ruhe eingeleitet?
- Wie schwer oder leicht fällt es mir als Beobachterin zuzuhören?

Bereiten Sie diese Beobachtungsaufgaben schriftlich für Ihre Gäste vor und erläutern Sie diese kurz vor Stundenbeginn.

4.5 Neue Deutungen finden

In der Regel fließen im Alltag beobachten, beschreiben und deuten ineinander. Deutungen strukturieren und determinieren sowohl unsere Wahrnehmungen als auch unsere Haltungen. Deuten bezeichnet den Vorgang des Interpretierens, eine Handlung enthält eine richtungweisende Bewertung, die wiederum notwendig ist, um für sich Orientierung zu schaffen.

Die Tätigkeit des Unterrichtens legt in unzähligen Situationen eine schnelle diagnostische Einschätzung nahe. Lehrerinnen und Lehrer entwickeln in Bezug auf ihre Schülerinnen und Schüler nach kurzer Zeit Deutungen, die oft prägend für die Dauer ganzer Schuljahre wirken. Die Steuerung des eigenen Entwicklungsprozesses erfordert auch eine bewusste Auseinandersetzung mit den Haltungen, die den Handlungen zugrunde liegen. Zu diesem Zweck ist es wichtig, beobachten und deuten bewusst zu trennen. Die dafür erforderliche Zeit, Übung und Distanz stehen in krassem Gegensatz zu einem Alltag, in dem der routinierte, schnelle Umgang zählt.

> **B**
>
> *Diagnostische Momente*
>
> Frau R. hält eine Stunde, bei der Gäste die Aufgabe übernommen haben, ihre Interventionen zu beobachten und danach im Gespräch ihre Einschätzungen auszutauschen. Die Erklärungen von Frau K. lauten z.B.: »Wenn Maria mit Natascha streitet, ist es harmlos; wenn Peter mit Mirko streitet, muss ich eingreifen. Wenn Özlem während einer Einzelarbeitsphase ihre Nachbarin kontaktiert, gebe ich dem keine Bedeutung; wenn Cindy das tut, muss ich einschreiten.«
> Daraus entwickelt sich ein Gespräch, inwieweit die hier wirksam werdenden diagnostischen Momente für die Klassendynamik hilfreich oder hinderlich sind.

Hier zeigt sich ein Dilemma: Die Fähigkeit, eine Situation schnell einzuschätzen oder ein Problem schnell zu erfassen, ist wichtig zur Bewältigung des Alltags. Da die Deutung aber auch eine Bewertung, ein Urteil, enthält, wird auch ein Vorurteil aufgebaut, das, einmal aufgebaut, nicht mehr hinterfragt wird, wie obiges Beispiel zeigt.

> Der Psychologe John GOTTMAN hat am Gesprächsverhalten von etwa 3.000 Ehepaaren demonstriert, wie man voraussagen kann, ob eine Ehe nach fünfzehn Jahren noch bestehen wird oder nicht. Jedes Ehepaar wurde in einem 15-minütigen Video in seinem Gesprächsverhalten miteinander beobachtet.
> Die Personen, die dieses Videomaterial auswerteten, waren geschult, auf 20 verschiedene Kategorien von Gefühlsbotschaften zu achten, die sie hinterher für ihre Analyse heranzogen. Eine der überragenden Botschaften für das Gelingen der Beziehung war die nonverbale Vermittlung von Anerkennung.
>
> Die Forschung GOTTMANS will vor Augen führen, dass intuitive Entscheidungsprozesse funktionieren, wie wenn eine Theorie in dünne Scheibchen geschnitten worden wäre und die einzelnen Teilchen blitzschnell *(blink!)* vom Gehirn ausgewertet würden.
> In dem Buch »Blink« (Gladwell 2005, S. 50) werden zahlreiche Beispiele aufgezeigt, wie solche Urteile zustande kommen.

Jeder Beruf fordert andere »Blink«-Fähigkeiten. Ein Fußballer entwickelt eine andere Intuition als ein Vogelkundler. »Blink«-Situationen kommen im Unterricht laufend vor. Anders wäre die gleichzeitige Arbeit mit einer Gruppe von Personen nicht möglich. Der Lehrberuf trainiert die Lehrenden, besonders schnell die Reaktionen anderer Menschen einzuschätzen.

> „Blink!"
>
> Herr M. unterrichtet die 10a nun das vierte Jahr, die einzelnen Schülerinnen und Schüler kennt er seit mehreren Jahren. Es genügt ein Blick, und er weiß, heute ist etwas in der Klasse anders.
> Herr M. kann dieses Gefühl nicht in Worte fassen, es ist, als ob etwas in der Luft läge. Aufmerksamer als sonst lässt er seinen Blick durch die Klasse schweifen, Was ist denn heute anders? Drei Schüler fehlen. Im Klassenbuch sieht er, dass sie in der Stunde davor nicht als fehlend eingetragen sind.
>
> Auf seine Nachfrage schweigt die Klasse zunächst. Ein Mädchen beginnt zu weinen. Es erfordert einige Geduld und Mühe, bis die Schüler fähig sind zu berichten.
> In der Pause sei ein Polizist gekommen und habe alle drei mitgenommen, weil sie am Morgen vor Schulbeginn in einem Supermarkt gestohlen hätten. Was wird nun mit ihnen passieren?

Die »Blink«-Fähigkeiten geben einen guten Einblick in ein Wissen, das über jahrelange Routine als Aktions- und Reaktionsspielraum schnelles und im wahrsten Sinn des Wortes unbedachtes Handeln ermöglicht.

> **26** *Das gute Gefühl*
>
> Überlegen Sie Situationen im Schulalltag, in denen Sie genau auf Ihre Intuition achten:
>
> - Was lässt Sie wissen, dass Ihre intuitive Einschätzung richtig ist?
> - In welchen Situationen vertrauen Sie Ihrer Intuition?
> - Wann würden Sie Ihre Intuition lieber noch einmal überprüfen?

Würden Menschen sich nur von solchen Intuitionen leiten lassen und sich nur auf Verhaltensweisen verlassen, die sich irgendwann in ihrer Vergangenheit bewährt haben, wäre ihre Autonomie gefährdet, ihre Urteile würden starr und ihre Handlungen wären vorprogrammiert. Ein schnelles Urteil enthält jedoch auch ein Vorurteil. Dieses ist unverzichtbar und hilfreich, birgt aber große Gefahren. Bewusstes Beobachten und ein achtsamer Umgang mit Sprache sind wichtige Gegenmaßnahmen.

Deuten und Umdeuten braucht Zuwendung, Zeit und Übung. Hier kann das Umformulieren von Aussagen mit der Unterlegung neuer Deutungen hilfreich sein. Ähnlich wie das Unterlegen von Fotos mit Texten, die ihnen einen neuen, meist humorvollen Sinn geben, kann in unserem Fall eine Aussage in Beobachtung und unterschiedliche Deutungen getrennt werden.

„Am Anfang der Stunde herrscht Chaos."

Aus diesem Satz kann nun stattdessen eine lebendige Beschreibung eines Raumes mit vielen Menschen werden. Wie anders wirkt diese sachliche, wertneutrale Beschreibung:

*„Viele Dinge liegen auf den Tischen,
die Schülerinnen und Schüler bewegen sich frei im Raum
und unterhalten sich in einer Lautstärke,
die man im ganzen Raum hören kann."*

Schon die Überlegung, wie eine Situation mehrfach unterschiedlich gedeutet werden könnte, regt die Vorstellungskraft an. Die anfangs technisch anmutende Übung kann auf manche im Alltag festgefahrene Deutung weitreichende Wirkung haben.

Im Folgenden werden unterschiedliche Übungen vorgeschlagen und beschrieben, wie man durch Achtsamkeit im Gebrauch einzelner Wörter einen Umdeutungsprozess einleiten kann.

27 — Von der Beobachtung zur Beschreibung

- Versuchen Sie die genannten Satzbeispiele durch beschreibende Aussagen zu ersetzen:

  „Der Text ist viel zu lang."

  „Den Schülerinnen ist langweilig."

  „Die Schüler tanzen dem Lehrer auf der Nase herum."

Natürlich kann die Länge eines Textes die Konzentrationsspanne der meisten Schüler einer Lerngruppe überschreiten; sie könnten sich über- oder unterfordert zeigen oder die Leitungskompetenz von Lehrenden in Frage stellen. Die Übungsbeispiele sollen solche Momente nicht beschönigen, sondern ein differenzierteres Bild zeigen und neue Deutungsmöglichkeiten eröffnen. Dies ist besonders bei ritualisiert negativer Interpretation von Belang.

»Killerphrasen« sind Warnsignale für solche Situationen. Sie stehen für verallgemeinernde negative Äußerungen bzw. Gedanken. Killerphrasen können in Bezug auf andere, aber auch in Bezug auf einen selbst gesagt oder gedacht werden. In jedem Fall sind sie erst einmal negative Deutungssackgassen, die Kommunikation und Entwicklung behindern.

28 — Wachsamkeit gegenüber Killerphrasen

- Welche dieser Sätze aus Gesprächen mit Kollegen und Kolleginnen kommen Ihnen bekannt vor?

  „Das geht bei uns sowieso nicht."

  „Die Schüler werden von Jahr zu Jahr schwieriger."

  „Das System ist an allem schuld."

- Fallen Ihnen weitere »Killerphrasen« ein?

Killerphrasen sind der Spezialfall eines Kurzschlusses, eine Form der Generalisierung. Im Kapitel 2.6 (»Was wir schon immer wollten – und dann doch nicht tun«) wurde das Problem von Verallgemeinerungen in Zusammenhang mit den »Mentalen Modellen« bereits thematisiert.

Die Art der Formulierung des Beobachteten hat einen wesentlichen Einfluss auf die Deutung. Dies können folgende Übungen zeigen.

> **29** *Von der Beschreibung zu unterschiedlichen Deutungen*
>
> - Zu welchen Deutungen könnten die folgenden Beschreibungen Anlass geben? Versuchen Sie jeweils eine positive und eine negative Deutung.
>
> *Beispiel 1:*
>
> *Alle übersetzen einen vorliegenden Text.*
> *Die Blicke der Schülerinnen und Schüler sind auf die Blätter vor ihnen gerichtet. Es wird geschrieben, man hört das Atmen im Raum, sonst ist es still.*
>
>   – Beginnen Sie mit einer positiven Deutung.
>   – Versuchen Sie sich nun an der negativen Deutung.
>
> *Beispiel 2:*
>
> *Heute melden sich weniger Schülerinnen als sonst.*
>
>   – Fangen Sie wieder mit der positiven Deutung an.
>   – Lassen Sie jetzt die negative Deutung folgen.
>
> - Was ist Ihnen leichter gefallen, (beide Male) die positive oder die negative Deutung? Oder mal die eine, mal die andere? Warum?

Oft helfen auch kleine Änderungen und die Überprüfung gewohnter Ausdrucksweisen, um sich von alten Deutungen zu verabschieden und so offen zu werden für neue Sichtweisen.

> Manfred PRIOR (Prior 2009) beschreibt in humorvoller und einfacher Weise, wie die Wahl kleiner Nebenworte wie »noch nicht«, »äußerst«, »gigantisch« die Aussagekraft von Sätzen ums Ganze verändert.
> In ihrem Buch »MiniMax für Lehrer. 16 Kommunikationsstrategien mit maximaler Wirkung« geben die Autoren Heike WINKLER und Dieter TANGEN (Winkler/Tangen 2009) in Anlehnung an Manfred PRIOR für den pädagogischen Kontext nützliche, ganz konkrete Tipps, um das Gegenüber zu stärken und im eigenen Entwicklungsprozess zu unterstützen.

> **30**
>
> *Immer stimmt nie*
>
> Die Worte »immer«, »nie«, »gigantisch«, »typisch« weisen auf ein festgeschriebenes Vorurteil.
>
> - Denken Sie an eine Situation aus Ihrem Schulalltag, die bei Ihnen »immer« den gleichen Ärger hervorruft. Hier hat sich etwas in Ihnen festgefahren.
> - Beobachten Sie in nächster Zeit die Ausnahmen von dieser Regel.

Den meisten Problemschilderungen liegt die Vorstellung zugrunde, etwas nicht ändern zu können. Ein Denken in Richtung Lösung setzt die Fähigkeit umzudeuten voraus.

> Varga von Kibed beschreibt den Weg für lösungsorientiertes Vorgehen als ein Umdeuten von Hindernissen in Ressourcen und damit als indirekten Weg zur Lösung. Ein Hindernis kann eine wenig hilfreiche Haltung sein oder eine noch nicht entwickelte Fähigkeit. Wenn etwa die Haltung das Hindernis darstellt, kann eine neue Einstellung zur Lösung beitragen. Wenn das Hindernis anzeigt, dass eine konkrete Fähigkeit erst erworben werden muss, trägt es indirekt zur Verbesserung bei. Bei einer künftigen Herausforderung steht dann die nötige Kompetenz zur Verfügung (von Kibed 2000).
>
> Klaus Grawe hat sich mit beruflichen Veränderungsprozessen systematisch auseinandergesetzt: Personen müssen demnach zuerst mental eine geplante Veränderung in ihrer Vorstellungswelt verankern, um sie allmählich und in der Regel zeitversetzt in ihrem Fühlen, Denken und Handeln umsetzen zu können (Grawe 1996, S. 63).
>
> Eine hilfreiche Einübung in den Perspektivwechsel stellt die Methode des »Reflecting Teams« dar. Tom Anderson stellt dieses ursprünglich für Evaluationsprozesse unter Therapeuten entwickelte Verfahren in den Zusammenhang kollegialer Beratung (Anderson 1996).

Die Fähigkeit, Sichtweisen immer wieder neu zu konstruieren, wie es in der Deutungsarbeit geschieht, schafft mit der Zeit eine wachsende Flexibilität. Die Erfahrung, dass sich äußere Umstände und innere Konstellationen beeinflussen lassen und letzten Endes bewegliche Kräfte darstellen, bewirkt ein zunehmendes Selbstbewusstsein und eine unverwechselbare Profilbildung, Merkmale, die für den im Beruf autonom handelnden Menschen wesentlich sind.

> **31** *Umdeuten als Alltagshygiene*
>
> Versuchen Sie, in Ihrem Alltag Situationen umzudeuten, in denen Ärger oder ein anderes negatives Gefühl regelmäßig die Oberhand gewinnt:
>
> - Welche Deutung liegt diesem Gefühl zugrunde?
> - Wie lautet eine neutrale, sachliche Beschreibung des Geschehens?
> - Welche neutrale Deutung könnte ein Außenstehender, Unbeteiligter finden?
>
> Eine neutrale Deutung kann Emotionen wie Ärger und Gekränktheit abbauen und Energie erhalten.

Konfrontationen sind umso fruchtbarer für die eigene Entwicklung, je mehr unterschiedliche Denkweisen zur Verfügung stehen. Im Sinne des Sich-Bildens ist in dieser Phase die Einübung in neue und andere Sichtweisen der eigentliche Entwicklungsschritt – zusammen mit der Fähigkeit, sich mit anderen produktiv auszutauschen. Nun wird die Zwischenbilanz wichtig, um zu erkennen, was bisher erreicht wurde und wie es weitergehen könnte.

5

Wert schätzen

5 Wert schätzen

5.1 Wie misst man Entwicklung?

> **B**
>
> *Schule als Entwicklungsort*
>
> Frau K. ist bei ihrem Einstieg in den *accompagnato*-Kurs bereits seit etwa zehn Jahren an einer Schule tätig. Die Anregung, sich ein Anliegen für die Verbesserung ihres Unterrichts zu suchen, greift sie zwar auf, verschiedene Versuche führen aber zu keinem befriedigenden Ergebnis. Die ausgewählten Ansatzpunkte greifen nicht. Die Frage, die sich latent an ihre Unterrichtsarbeit zu stellen scheint, ist nicht mit der Bearbeitung von Themen auf der Mikroebene zu beantworten.
>
> Die Kollegin bleibt dennoch den Kurstreffen treu, gibt ihre Erfahrungen weiter und ist insbesondere angeregt durch die Schilderung der schulischen Umgebung anderer Kursteilnehmer. Erst gegen Ende des Kurses reift die Entscheidung heran, einen Schulwechsel in Erwägung zu ziehen. Es wird deutlich, dass ihr Profil als Lehrerin und ihr Engagement an anderer Stelle besser aufgehoben wären. Dieser Entschluss ist ihr nicht leichtgefallen. Sie ist nach vielen Überprüfungen der bisherigen Geschichte an der Schule und dem gedanklichen Abwägen des eigenen Spielraums entstanden. Vor allem die Unterscheidung zwischen ihrer Arbeit als Lehrerin an sich und jener an speziell diesem Arbeitsplatz ist besonders schwer zu treffen. Schule war für sie eben nur so zu denken, wie sie sie aktuell erlebte.
>
> Die Kollegin bereitet sich also entschlossen auf die Bewerbung für eine andere Stelle vor, ein einigermaßen aufwendiges Unternehmen in einem Umfeld, wo ein Schulwechsel ohne äußeren Grund eher als Problemfall gehandelt wird.[4] Wer schätzt also diese Entwicklungsarbeit?

Die hier angestrebte Entwicklungsarbeit ist ein Prozess, der zwar für den Einzelnen nachhaltige Konsequenzen hat, dessen Verlauf aber auch vom Individuum selbst kaum erfasst werden kann. Der Wert dieser Arbeit ist einerseits nur mit geschultem Blick zu schätzen und braucht spezielle Instrumentarien. Andererseits ist die Wertschätzung dieser Entwicklungsarbeit als Leistung von Lehrenden erst zu etablieren,

---

[4] Der Tatsache, dass Menschen und Schulprofile nicht unbedingt zusammenpassen müssen, wird bis zur Gegenwart zu wenig Beachtung geschenkt. Die Autonomisierung von Schulen und die Ausschreibung von Stellen, die sich durchaus am Schulprofil orientieren, ist zwar zunehmend Thema und Praxis, damit wird aber lediglich ein stimmigerer Einstieg in das Berufsleben gefördert. Für spätere Unstimmigkeiten, die keinesfalls auf die grundsätzliche Qualität des Lehrenden oder der Schule zurückzuführen sein müssen, wäre eine flexible Lösung im Sinne aller Beteiligten von großem Nutzen.

wird sie doch nicht gleich in öffentlichkeitswirksamen Großprojekten sichtbar. Ihre Effekte sind gewissermaßen stiller, zeigen sich in gesteigerter Motivation und Berufszufriedenheit und in der Verbesserung von Details der Alltagsarbeit.

Dieses Kapitel lenkt die Aufmerksamkeit darauf, wie der hier angestrebte transformative Prozess durch Bewertungs- oder besser Auswertungsformen gestützt und motiviert werden kann.

5.2 Wert schätzen und gängige Bewertungskulturen

Der Begriff »Bewertung« ist im Kontext von Schule mit einschlägigen Assoziationen behaftet, die vermutlich großteils mit dem hier vertretenen Verständnis kontrastieren. Im Rahmen des *accompagnato*-Modells wird der Fokus auf die Bewertung der eigenen Entwicklung gelegt. Sich zu bilden bedeutet unter anderem, die Instrumente der Selbsteinschätzung kontinuierlich zu schärfen. Bewertung steht hier für das Einschätzen des eigenen Entwicklungsprozesses anhand der Arbeit mit einem selbst gewählten Anliegen durch vielfältige Formen der Selbstbeobachtung und der Rückmeldung durch andere. Der Begriff ist dynamisch zu verstehen, indem Maßnahmen der Auswertung öffnende und motivierende Wirkung zeigen im Gegensatz zu einem Effekt des Schließens und der Demotivation.

> So beschreibt Felix WINTER im »Handbuch Portfolioarbeit« die unbefriedigende Kommunikation über Leistungen in der Schule, die Sprachlosigkeit nach der Vergabe von Noten. Diejenigen, die sehr gut beurteilt wurden, wollen sich erst einmal darüber freuen.
> Ab der Note »befriedigend« würden überwiegend Rechtfertigungsdruck, Enttäuschung oder gar Verletztheit vorherrschen. »Nachdem sie eine Note erhalten haben, reden viele Schüler nicht gerne mit ihren Lehrern« (Winter 2008, S. 19). In dieser Beobachtung drückt sich der Sackgassencharakter mancher Rückmeldungsformen besonders stark aus.
> Eine in jüngerer Zeit zu beobachtende Neuorientierung im Feld der Leistungsbewertung von Schülerinnen und Schülern wird nicht zuletzt mit dem Wunsch nach einer positiven dynamischen Wirkung verknüpft.

Auswertung ist in diesem Kontext auch als eine Maßnahme zu sehen, die der eigenen Entwicklung Bedeutung und Richtung gibt. Auswertungsformen im *accompagnato*-Modell befinden sich in deutlicher Distanz zu Bewertungsverfahren von außen, etwa in der Ausbildung von Referendaren oder bei Laufbahnentscheidungen für Lehrende, und erfüllen eine entschieden andere Funktion. Bewertung ist in diesem Kontext das Werkzeug des oder der einzelnen Lehrenden und bleibt ausschließlich in deren Besitz. Das sei hier besonders betont, weil die Verführung zur Integration von Methoden der individuellen Beratung und Entwicklung in einen Kontext groß zu sein scheint, in welchem gleichzeitig und von denselben Personen Bewertungen mit relevanten Konsequenzen für die Berufslaufbahn der Betroffenen ausgegeben werden.

Grundton dieser Auswertungsarbeit ist die Besinnung auf die und das Schätzen der vorhandenen Stärken. Wie im Kapitel 2.7 (»Aus den Ressourcen schöpfen«) schon angedeutet, ist Ressourcenorientierung – und individuelle Stärken sind ein wesentlicher Bestandteil des persönlichen Ressourcenkapitals – mehr als eine Mode. Erst die Wahrnehmung eigener Ressourcen lässt überhaupt ihre Wirksamkeit entfalten oder anders gesagt: Wenn man sich auf eine Entwicklungsreise begibt, sollte man wissen, was man im Gepäck hat und wie es einem nützen kann.

> Einen guten Ansatzpunkt zum Auffinden von verborgenen Stärken bietet das Werte- und Entwicklungsquadrat von Friedemann SCHULZ VON THUN. Hier wird deutlich, dass Verhaltensweisen, die sich zum Hindernis für qualitätvolle Arbeit entwickelt haben, als negative Übertreibung einer eigentlichen Stärke gedeutet werden können.
> Jemand könnte also die Tendenz haben, sich im Unterricht in Einzelgesprächen zu verlieren, die Aufmerksamkeit vorzugsweise auf Details zu legen und damit eine effektive Arbeit zu beeinträchtigen. Das ist gerade bei Berufsanfängern immer wieder zu beobachten. Diese Verhaltensweise birgt aber möglicherweise ein ausgeprägtes Sensorium für die Individuen als Qualität in sich.
> Nach SCHULZ VON THUN braucht jede Stärke einen positiven Gegenpart, um das Kippen in die negative Übertreibung zu verhindern. In diesem Fall könnte dieses Gegenüber die Fähigkeit sein, die Gruppendynamik als Ganzes sehen und steuern zu können. Ohne den Gegenpart der Sensibilität für die Individuen würde aber diese Seite möglicherweise in die negative Übertreibung kippen. Das könnte sich in einer Tendenz zum Verlust des Kontaktes mit den Schülern und Schülerinnen in einer Art anonymer Großgruppenlenkung zeigen. Der Autor gibt Anregungen zur Entwicklung solcher Quadrate und dazu, sie als Werkzeug zur Qualitätssteigerung zu nützen (Schulz von Thun 2008).

Die Beobachtung und Bewertung eigener und fremder Verhaltensweisen ist im Schulalltag bestimmten Tendenzen unterworfen, die auf das Thema »Wert schätzen« wirken.

32 *Tendenzen in der Wertung*

- Vergegenwärtigen Sie sich fünf Aktivitäten aus den letzten Tagen Ihres Arbeitsalltags, auf die Sie stolz sind, und fünf, mit denen Sie nicht zufrieden sind.
- Welche der beiden Auflistungen ist Ihnen leichter gefallen?

Die meisten Menschen in Bildungsinstitutionen tendieren dazu, sowohl in Bezug auf sich selbst als auch auf andere ein geschärftes Sensorium für Mängel und Defizite entwickelt zu haben. Weniger ausgeprägt ist hingegen ein differenzierter Blick auf die Ressourcen. Dies hat mit der Sozialisation in einer bestimmten Kultur zu tun, in der es üblicherweise um Fremdbewertung geht und dies zumeist in einer sehr eingeschränkten Form mit Ziffern.

Auch wenn es vielerorts andere Umgangsweisen geben mag, diese vorrangige Kultur wirkt stark, und zwar auf alle Beteiligten, Schüler und Schülerinnen, Lehrende sowie die Schulleitung. Ein Lernverständnis, das die Eigenverantwortung der Einzelnen betont, setzt eine gewisse Risikofreude und Experimentierlust voraus bzw. es bedarf ihrer Unterstützung. Ein solches Lernen braucht die Wertschätzung von Fehlern.

> Wenn Kinder beim Lernen ihrer Muttersprache Fehler machen, geben sie damit auch wertvolle Einblicke in die Ordnungsprozesse im Hintergrund, in ihre Denk- und Verstehensleistungen. Diese Einsicht für die weiteren Lernvorgänge zu nutzen, anstatt die Fehler abzuwerten, bietet sowohl motivational als auch lerntechnisch große Vorteile.
> Weitere Hinweise zu diesem Thema finden sich auch bei Fritz Oser, »Ist Fehlermachen erlaubt?«, Wolfgang Althof, »Fehlerwelten«, und Reinhard Kahl »Lob des Fehlers« (Oser 1994, S. 26–45; Kahl 1995/2000; Althof 1999).

In den *accompagnato*-Kursen war häufig zu beobachten, wie gerade Aspekte wie offene Fragen, Probleme und das, was man für Fehler hält, zu Ausgangspunkten für die Anliegen-Formulierung gewählt wurden, nachdem sie als nicht nur erlaubt, sondern sogar als Schlüsselstellen des Lernens anerkannt werden konnten.

Diese Anerkennung ist allerdings nicht selbstverständlich. Pädagogen wie Fritz Oser weisen nachdrücklich auf den schlechten Umgang mit Fehlern hin. Es bestünde die Tendenz, sie zu vermeiden, zu verbergen und so schnell wie möglich loszuwerden – eine lerntechnisch ungünstige Haltung. Als Gegenstrategie wird das, was üblicherweise im Schatten der Lernkultur steht, ins Licht gerückt. So werden Fehler als Potenzial und Antreiber für Lernprozesse sowie als Blick hinter die Kulissen des Lernens gedeutet.

In so komplexen Kommunikationsprozessen wie beim Unterrichten mag es nicht immer eindeutig sein, was als »Fehler« zu werten ist. Mit Sicherheit ist aber eine Fülle von Handlungen nötig, die wenig oder sogar unerwünschte Effekte zeigen, um das so nötige praktische Wissen aufzubauen. Sie werden ebenso gebraucht wie die als gelungen gewerteten Erfahrungen, sind also gewissermaßen die Kehrseite ein und derselben Medaille. Hier wird die Aufwertung einer zumeist wenig beachteten Facette des Wissens deutlich, nämlich des »negativen Wissens«.

> Der Begriff »negativ« bezieht sich nicht auf eine Wertung, sondern ist in Analogie zum Negativ einer Fotografie zu sehen. Ohne das Negativ ist das Foto als »Positiv« nicht möglich. Negatives Wissen wird als wesentliche Grundlage für erfolgreiches Handeln verstanden. Gemeint ist z.B. das Wissen darüber, was nicht zu einer Sache gehört (Abgrenzungswissen) oder was nicht getan werden darf (Fehlerwissen).

Fehler als Quelle des Lernens sowie negatives Wissen als Erweiterung des Horizontes sind in jeder Phase der Entwicklung von Bedeutung, und ihr Nutzen ist auch in der Lehrerbildung noch verstärkt zu entfalten.

> *»Negatives Wissen« als Werkzeug*
>
> Frau M. beobachtet in ihrer 5c eine sich wiederholende Dynamik. Mit großer Regelmäßigkeit steigert sich im Laufe einer einzelnen Unterrichtsstunde die Unruhe in der Klasse. Sie will der Frage nachgehen, was sie selbst zu dieser Entwicklung beisteuert. Dafür trägt sie in eine Liste mit zwei Spalten links erst einmal alle Aktivitäten ein, die sie für gut geeignet hält, diese Unruhe möglichst rasch hervorzurufen, z.B.:
> »immer lauter sprechen« – »immer schneller sprechen« – »vor der Klasse viel hin- und herlaufen« – »sofort weiter sprechen, wenn auf Fragen nicht gleich geantwortet wird« und weitere Handlungen, die ihr persönlich als möglichst wirkungsvoll zur Erreichung des negativen Ziels erscheinen.
> Im Anschluss daran werden rechts jeweils die positiven Gegenmaßnahmen festgehalten, und zwar im Sinne von Handlungen und nicht in Vermeidungsabsichten. So steht etwa gegenüber von »immer lauter sprechen« als positive Gegenaktivität »die Lautstärke kontrollieren und zwischendurch immer wieder bewusst zurücknehmen« oder neben »vor der Klasse viel hin- und herlaufen« findet sich »für eine Arbeitsphase einen Platz mit guter Übersicht einnehmen und konsequent und ruhig von dort aus agieren«.

Eine solche paradoxe Intervention hebt »negatives Wissen« als Schatz in das Bewusstsein und macht es handlungsrelevant. Darüber hinaus entsteht ein Effekt der offensiven Zuwendung und damit der Bändigung und Beherrschung von Befürchtungen im Gegensatz zu unspezifischen Vermeidungshaltungen.

33 Negatives Wissen bewusst machen

Wählen Sie für die folgende Übung eine Alltagssituation aus, die Sie aus irgendeinem Grund als schwierig empfinden, z.B., weil Sie dabei leicht die Gelassenheit verlieren, weil Sie dafür noch keine passende Handlungsweise gefunden haben, weil sie immer wieder zu unbefriedigenden Ergebnissen führt.

- Teilen Sie ein Blatt Papier mit einer Linie in zwei Spalten.
  Notieren Sie nun in der linken Spalte alles, was Sie tun müssten, damit die Situation so ungünstig wie möglich verläuft.

Achten Sie darauf, dass es sich jeweils um eigene Tätigkeiten handelt und beschreiben Sie keine Gefühle oder Aktivitäten der anderen.
Lassen Sie sich Zeit, viele solche Tätigkeiten zu finden. Meist muss man sich auf diese „negative" Perspektive erst einstellen.

- Wenden Sie sich anschließend der anderen Seite zu und stellen Sie jeder negativen Tätigkeit eine positive gegenüber.

Die bisherigen Ausführungen zum Thema »Wert schätzen« mögen gezeigt haben, dass es hier nicht nur um Auswertungsformen geht, sondern dass sie eingebettet sind in individuelle und sozial geprägte Wertesysteme und Bestandteil von Bewertungskulturen. Das Bewusstsein für diesen Untergrund ist für die konkreten Handlungen sowie für die Auswahl von Methoden zur Auswertung bedeutungsvoll. Das folgende Kapitel nimmt auf andere Weise auf diesen Untergrund Bezug, indem die für die Arbeit im *accompagnato*-Modell relevanten Wertefelder sichtbar gemacht werden und ihre Bedeutung bereits im Prozess der Anliegen-Findung hervorgehoben wird.

5.3 Im Spannungsfeld von Wertefeldern

„Man kann nicht nicht werten."

Dies könnte man in Anlehnung an den berühmten Satz Paul Watzlawicks »Man kann nicht nicht kommunizieren« (Watzlawick/Beavin/Jackson 1969/2003) sagen. Werten ist ein selbstverständlicher Teil des Denkens und Handelns. Er ist bereits in den Wahrnehmungsprozess integriert und kann nur künstlich davon unterschieden werden. Auswahl und emotionale Färbung dessen, was wir wahrnehmen, sind gewissermaßen schon vorbewusst vorhanden und prägen die Reaktion.

Dieser hier für die elementarsten Wahrnehmungen beschriebene Vorgang, lässt sich auch auf komplexere und bewusst eingesetzte Auswertungsprozesse beziehen. Auswertung ist kein Anhängsel am Ende einer Folge von Handlungen, Erlebnissen und Erfahrungen, sondern vielmehr das notwendige Gegenstück zum Ziele-Setzen.

Im *accompagnato*-Modell beginnt sie notwendigerweise mit der Anliegen-Arbeit. Diese wird hier erneut in den Blick genommen, diesmal als Prozess, der verschiedene Wertefelder der Person, des Gegenstandes und der Institution ins Spiel bringt und sich an ihnen abarbeitet und orientiert. Ein Anliegen ist eben kein spontaner Wunsch, sondern es stellt bereits eine Aktivierung und Abwägung verschiedener Wertsysteme dar, in die unser Denken und Handeln eingewoben ist.

Als Seminarleiter sind wir bei Berichten über das Modell oft gefragt worden, ob es eigentlich nur auf die Größenordnung und Präzisierung des Anliegens ankomme und sonst alles erlaubt sei. Kann es nicht auch »falsche« Themen geben? Welche pädagogische Philosophie wird eigentlich vertreten? Welche Werte spielen denn von Anfang an in diese Arbeit hinein?

Die Entwicklung des Anliegens kann man sich vorstellen als eine Erinnerungs- und Gedankenarbeit mit Bezug zu einem System von Wertefeldern, die alle ein gewisses Maß an Berücksichtigung finden müssen.

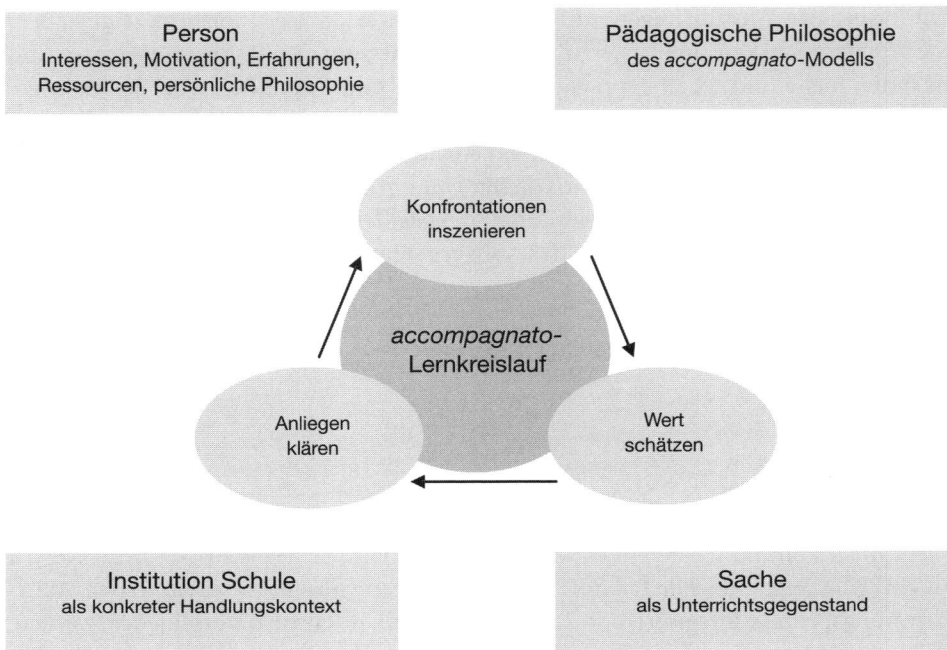

Der accompagnato-*Lernkreislauf, Version 2*

In der Auseinandersetzung mit dem Anliegen beginnt bereits ein intensiver Auswertungsprozess. Die Wertefelder werden berührt, ausgetestet und in Balance gebracht. Es wird ihnen allen zu ihrem Recht verholfen.

»Person« steht hier einmal für die Lehrenden, die sich in einen Entwicklungsprozess begeben. Der Blick auf ihre Arbeit und auf sich selbst hat sich zu einem Konzept, zu einer Summe von Interessen, Erfahrungen, Vorlieben verdichtet. Der Begriff »Konzept« weist darauf hin, dass das bisher Erlebte eben nicht nur eine Ansammlung von Einzelteilen meint. Es ist vielmehr ein, wenn auch nicht immer bewusster, Zusammenhang entstanden, der das tägliche Handeln beeinflusst. Man kann überhaupt nur von einem Anliegen sprechen, wenn es aus dieser Interessens- und Erfahrungswelt der Person wächst. Das scheint selbstverständlich zu sein. Es kann aber durchaus vorkommen, dass jemand bei den ersten Formulierungen diese Ebene auf Distanz halten und aus welchen Gründen auch immer Ziele wählen möchte, die man vielleicht haben sollte oder die auf der Ebene der vermuteten gewünschten pädagogischen Philosophie liegen.

> *Bestätigung als Ausgangspunkt für Veränderung*
>
> Frau O. ist eine erfahrene Lehrerin, fühlt sich ihrer Aufgabe gewachsen und steht in gutem Kontakt mit den Schülern und Schülerinnen. Wenig Nahrung bekommt sie im Alltag allerdings von den Fachkollegen. Sie vertreten entweder eine ganz andere pädagogische Philosophie oder wollen eher für sich bleiben.
> Der *accompagnato*-Kurs ist eine willkommene Möglichkeit, einen Austausch zu pflegen und sich der eigenen Wertsetzungen zu vergewissern. Im Prozess der Anliegen-Klärung fällt auf, dass Frau O. schnell und eher freundlich-distanziert eine Entscheidung getroffen hat. Das Anliegen stellt sie, wie im Kurs vorgesehen, ins Zentrum für einen Unterrichtsbesuch, und die Besucher sind in erster Linie angetan davon, wie ihr gewähltes Thema nicht nur bewältigt erscheint, sondern wie sie in dem fokussierten Bereich sogar große Stärken aufweist.
> Im anschließenden Gespräch können die Kompetenzen der Lehrerin herausgestellt und gewissermaßen bestätigt werden. Darin wird aber auch deutlich, dass sie sich bisher auf die Anliegen-Arbeit noch gar nicht eingelassen hatte und erst auf der Basis dieser grundlegenden Bestätigung in eine »riskante« offene Frage, in ein Thema, für das sie bisher noch keine befriedigenden Handlungsoptionen gefunden hatte, einsteigen konnte.

An diesem Beispiel wird deutlich, wie eine grundlegende Wertschätzung der eigenen Fähigkeiten durch sich selbst und durch andere überhaupt erst die Bereitschaft für den transformativen Prozess ermöglicht. Die »echte« Frage ist in Form eines Anliegens ohne solide Anbindung an die Ebene der Person nicht zu finden.

In der Grafik steht »Person« natürlich auch für die Schüler und Schülerinnen, deren Dispositionen, Wünsche, Verhaltensweisen in aller Unterschiedlichkeit, die sich in einer Lerngruppe zusammenfindet. Sie werden hier nur mit Rücksicht auf die Zielgruppe dieses Buches weniger ausführlich behandelt.

Im *accompagnato*-Modell wird implizit und explizit eine pädagogische Philosophie vertreten. Sie kann als weiteres Wertefeld gesehen werden, das auf die Anliegen-Entwicklung wirkt. Die Elemente dieser Philosophie wurden bisher hinlänglich dargelegt. Das Verständnis des Lernens, die Stärkung der Eigenverantwortlichkeit und Selbstständigkeit sind natürlich nicht nur Prämissen für die Arbeit mit Erwachsenen, sondern prägen auch das Bild des Lernens von Kindern und Jugendlichen. Es werden also Bilder von den Menschen und ihrer Art zu lernen eingebracht. Auch dieser Ebene wird in der »Hebammenarbeit« zur Formulierung des Anliegens Raum gegeben.

Man bemerkt sie z.B., wenn Lehrende mit starken Störungen der Arbeitsatmosphäre in ihrem Unterricht zurechtkommen müssen. Das führt in einer ersten Reaktion manchmal zu Wünschen, die sich auf die Oberfläche der pädagogischen Arbeit, auf eine Art Gruppenbändigung beziehen.

„Ich möchte, dass die Kinder ruhig sind."

»Ruhe« an sich ist keine sinnvolle pädagogische Kategorie.

- Welche Form der Ruhe ist gemeint?
- Um welche Situationen geht es?
- Welcher Arbeitslärm ist wünschenswert und welcher nicht?
- Um wen geht es?
- Wen stört was?

Das Einbringen dieses ersten Gedankens in ein angemessen komplexes pädagogisches Vorhaben muss hier erst geleistet werden.

> ## 34 *Meine Geschichte*
>
> Die meisten Menschen lieben manche Erinnerungen an ihr berufliches Leben ganz besonders. Das zeigt sich unter anderem darin, dass sie bestimmte Geschichten gerne immer wieder erzählen.
>
> - Haben Sie auch eine solche Geschichte aus Ihrem Berufsleben? Wenn ja – welche pädagogische Philosophie ist in ihr enthalten?
> - Welche Werte werden dabei vertreten?
> - Wem wird die Geschichte erzählt und wem nicht?
> - Fassen Sie Grundgedanken dazu zusammen.
>
> Diese Übung kann sehr gut auch mit einem Partner durchgeführt werden. In diesem Fall erzählen Sie jeweils eine Geschichte und überlassen die Auswertung mithilfe der angeführten Fragen dem anderen.

Auch die Institution Schule ist mit all ihren implizit vertretenen Werten ein zu bedenkendes Feld. Die persönlichen Vorstellungen müssen in gewisser Balance zu den implizit herrschenden Werten des jeweiligen Arbeitskontextes stehen. Die Frage nach der realistischen Dimension des Anliegens zielt auf diese Ebene. Liegt das, was mir wichtig ist, in meinen Möglichkeiten? An diesem Punkt zeigt sich eine doppelte Spannung, die Thema der *accompagnato*-Arbeit ist:

Es ist ebenso wichtig, sich von den Wünschen zu verabschieden, die nicht in der eigenen Macht liegen, wie auch den Möglichkeitsraum immer wieder kritisch zu erforschen. Im Schulsystem ist eine Dynamik zu beobachten, wonach implizite Regeln und Werte als Gesetze erlebt und nicht mehr infrage gestellt werden.

Im Film »Treibhäuser der Zukunft« wird der Schulleiter der »Bodenseeschule« gefragt, wie denn die Schulgesetze zu seinen radikalen Umstrukturierungen des Schullebens stünden, die schließlich auch einen anderen Umgang mit dem Thema Leistung bedeu-

teten. In seiner Antwort bringt er zum Ausdruck, dass er bisher noch auf keine Grenzen gestoßen sei. So würde z.B. der Begriff »Klassenarbeit« in den gesetzlichen Vorgaben für die Grundschule nirgends stehen.[5]
Fanita ENGLISH weist darauf hin, dass Institutionen die Verpflichtung haben, ihre Mitglieder auf die Möglichkeiten aufmerksam zu machen und nicht nur auf die Grenzen (Pischetsrieder/English 1996, S. 74 f. und 85).

Schließlich enthält auch der Gegenstand selbst Werte bzw. sie werden ihm zugeschrieben. Es ist schließlich nicht belanglos, wie er elementarisiert wird, was etwa an einem Musikstück oder einem Gedicht gezeigt, wie darauf aufmerksam gemacht wird und in welcher Form es, um mit Hartmut von HENTIG zu sprechen, zum »Anlass für Bildung« (Hentig 1996/2007) werden könnte. Die Spezifik der Unterrichtsgegenstände für das Lernen wird in den Fachdidaktiken ausführlich zum Thema gemacht.

Der Zusammenhang dieser vier Ebenen im Rahmen des *accompagnato*-Modells wird noch im Kapitel 6 (»Wie sich die Elemente zusammenfügen«) Thema sein. Nach diesem Blick auf das Umfeld konkreter Auswertungsformen werden diese im Folgenden selbst in den Mittelpunkt gerückt.

5.4 Die vielen Gesichter des Auswertens

Wie viel Fantasie wird Formen der Selbstbewertung sowohl in Hinblick auf die Schüler und Schülerinnen als auch für die Lehrenden üblicherweise im Schulleben zugestanden? Die Leistungsfeststellung an Schulen wird in jüngster Zeit wieder durchaus kritisch gesehen, und Vorschläge zu einer Reformierung werden verstärkt propagiert. Sie zeigen starke Korrespondenzen zu der hier angestrebten Individualisierung und zu Methoden, den eigenen Entwicklungsprozess selbstgesteuert zu begleiten.

Eindrücklich schildert Felix WINTER die Hintergründe dieses Reformprozesses und bietet ein Arsenal an Methoden der Leistungsbewertung an, die der sogenannten »neuen Lernkultur« besser entsprechen würden.
Selbstständiges und eigenverantwortliches Lernen sei nicht ohne eigene Entscheidungs- und Urteilsprozesse denkbar. Leistung könne damit auch nicht grundsätzlich und dauerhaft Gegenstand fremder Beurteilung sein. Zur Orientierung an Selbstständigkeit kämen im Zuge der Entwicklung dieser neuen Lernkultur die Ausrichtung am Lernprozess

---

[5] Alfred Hinz, Schulleiter der Bodensee-Schule St. Martin, Friedrichhafen, im Rahmen von: »Treibhäuser der Zukunft. Wie in Deutschland Schulen gelingen.« Video (2004): Dokumentation von Reinhard Kahl.

> selbst, die Hinwendung zu komplexen, »echten« Aufgaben sowie die Demokratisierung der Lernkultur durch den Anspruch auf Partizipation der Schüler und Schülerinnen. Dies müsse Konsequenzen für die Methoden der Leistungsbewertung zeigen (vgl. Winter 2008).

Durch die Übertragung der Verantwortung für das Lernen auf die Lernenden selbst nähern sich die Ideen zur Leistungsbewertung an den Schulen den Verfahren an, die auch in der Beratung von Erwachsenen angewandt werden.

Im vorangehenden Kapitel wurde Wertung durch das Hineinspielen verschiedener Wertefelder als Grundierung des gesamten Entwicklungsprozesses von der Anliegen-Arbeit an eingeführt. Hier geht es um explizite Auswertungsakte, um Prozesse, in denen Vorgänge oder Situationen gezielt und anhand eines deklarierten Maßstabes interpretiert werden und ihre Bedeutung für zukünftige Handlungen gesichtet wird.

Sie können sich auf verschiedene Dimensionen beziehen, also von der Mikroebene der Unterrichtsarbeit bis zur Reflexion längerer komplexer Vorgänge reichen. Dazu sei jeweils ein Übungsbeispiel angeführt.

35 Gute Anfänge

GEISSLER (Geißler 1994/2002) nennt als eines von vier zu beachtenden Merkmalen von Anfangssituationen »Vorrang hat die soziale Situation«. In Anfangssituationen wird die Gestaltung der sozialen Situation zum zentralen Thema. Es ist also nötig, sie selbst zum Inhalt des Lernprozesses zu machen. Das trifft natürlich auf die erste Stunde in einer neuen Klasse ganz besonders zu, ist aber auch für den Beginn in bekannten Lerngruppen bedeutsam.

- Rufen Sie sich einige Schulstunden der letzten Zeit in Erinnerung und überprüfen Sie diese Aussage. Inwieweit können Sie ihr zustimmen?
- Mit welchen Verhaltensweisen reagieren Sie auf diesen Kerngedanken für Anfänge?

36 Meilensteine der Entwicklung

- Nehmen Sie ein A3-Blatt im Querformat. Zeichnen Sie im unteren Drittel eine Zeitlinie.
- Markieren Sie am linken Rand den Einstieg in das Referendariat und nahe am rechten Ende die Gegenwart. Lassen Sie ein paar Zentimeter Platz für die nächste Zukunft.
- Tragen Sie nun über dieser Zeitleiste in einer Kurve die Entwicklung Ihrer Berufszufriedenheit ein. Markieren Sie wichtige Punkte.
- Halten Sie Gedanken dazu fest, warum Ihnen genau diese Stationen wesentlich erscheinen.

Formen der Auswertung können verschiedenste Aktivitäten und sinnliche Zugangsweisen nützen, von analytischen Aufgaben bis zur körperlichen Einfühlung, von der fokussierten Reflexion bis zur Umsetzung einer Situation in ein Symbol oder Zeichen.

Als Beispiel für einen analytischen Zugang werden im *accompagnato*-Modell immer wieder theoretische Impulse als Instrumentarien für die Analyse eigener Alltagssituationen herangezogen, z.B. zum Umgang mit Konflikten. Das folgende Beispiel zeigt einen Ansatz, der die körperliche Einfühlung nützt, nämlich die Aufstellungsmethode zur Vergegenwärtigung von Wirkungsdynamiken im Unterricht.

Ein dynamischer Arbeitsauftrag

Mit einer Lehrergruppe wird der Arbeitsauftrag als Mittel zur Steuerung des Unterrichtsprozesses untersucht. In Vorbereitung auf die Detailarbeit sollen die mögliche Dynamik des Arbeitsauftrages und seine Beziehung zu anderen Komponenten des Unterrichts spürbar gemacht werden. Ein Teilnehmer stellt einen jüngst erlebten Fall zur Verfügung. Es soll dabei um die Anwendung eines Arbeitsauftrages gehen, und der Fall soll mit einer offenen Frage verbunden sein. Das heißt, der Prozess ist überraschend, unbefrie-digend, nicht durchgehend verständlich etc. verlaufen.
Die Situation ist jedoch nur dem Betreffenden bekannt. Er erhält nun die Aufgabe, Komponenten der Situation, die ihm wichtig sind, zu benennen. Vorkommen soll jedenfalls der Arbeitsauftrag, er als Lehrer selbst, stellvertretend ein bis zwei Schüler (entweder ein Schüler stellvertretend für die Klasse oder zwei für ganz unterschiedliche Typen in der Geschichte). An weiteren Komponenten könnten wichtig sein: das Fach, die Schule …

Nach der Sammlung von etwa fünf bis sieben Komponenten wird der Protagonist aufgefordert, sie jeweils personifiziert durch einen Seminarteilnehmer nach der Reihe im Raum aufzustellen: eine Person auswählen und von hinten an den Schultern in Ruhe in die richtige Position bringen. Die Personen wissen zwar, was sie darstellen, haben aber keine Information über die dahinterstehende Situation.
Sobald alle in der gewünschten Position stehen, zieht sich der Protagonist zurück und wird Beobachter. Der Seminarleiter beginnt nun, die Personen danach zu befragen, was diese Position bei ihnen auslöst, welche Wirkungen sie spüren, zu welchen anderen Komponenten sie welchen Kontakt haben. Wenn sich alle geäußert haben, werden einzelne Komponenten aus dem Spiel genommen und die neue Situation durch die anderen beschrieben. Damit wird das Wirkungsfeld noch weiter ausgelotet.

Wenn auf diese Weise die Dynamik der Komponenten deutlich gemacht wurde, ist wieder der Lehrer im Zentrum, der die Situation zur Verfügung gestellt hat. Er ist aufgefordert, die Geschichte nun zu berichten und sich darüber zu äußern, welche Eindrücke die Aufstellung bei ihm hinterlassen hat.

Es ist immer wieder verblüffend, wie diese intuitive Form die Erfassung von ungeahnten Details einer für die meisten unbekannten Situation bewirkt und dem Betreffenden Einsichten in bisher nicht registrierte Perspektiven gibt.

Dieses Beispiel zeigt, dass Auswertung nicht erst bei der Versprachlichung nach einem Erlebnis bzw. einer Erfahrung beginnt. Sie wird zwar am Ende für den Protagonisten selbst und die anderen explizit, ragt aber in den gesamten Verlauf hinein. Schon bei der Benennung der Komponenten wird entschieden, was der Beachtung wert ist und was eben nicht.

> Diese Form der Verkörperung von verborgenem Wissen ist angelehnt an ein Verfahren aus der Psychotherapie, das von Varga von Kibed und Insa Sparrer in Anlehnung an die Familienaufstellung genauer erforscht wurde.
> Unter »Repräsentierende Wahrnehmung: Eine Möglichkeit der Fremdwahrnehmung« schreibt Insa Sparrer: »Die mit dem Körper wahrgenommenen zum fremden System gehörenden Empfindungen setzen schlagartig ein, sobald die Repräsentanten als ›Rollenspieler‹ gewählt sind und verschwinden ebenso schlagartig, wenn sich die Repräsentanten wieder setzen. Die fremden Personen weisen eine hohe Übereinstimmung mit dem Befinden der Person auf, die die Aufstellung wählt. Hier zeigt sich die Möglichkeit, Fremdpsychisches wahrzunehmen.« (Sparrer 2001, S. 103; von Kibed 2000)

Neben der Dimension und den Aktivitätsformen variieren Auswertungsmethoden im Rahmen des *accompagnato*-Modells nach der Zielgruppe, also danach, ob sie auf Einzelne ausgerichtet sind oder auf die Zusammenarbeit mit einem Partner oder einer Gruppe zielen.

Schließlich spielen verschiedene Grade der Anleitung eine Rolle, von stark gelenkten Formen wie der eben dargelegten Aufstellung bis zu solchen, die weitgehend der eigenen Verantwortung unterliegen, wie etwa Entwicklungstagebücher.

5.5 Die eigene Entwicklung verfolgen

Auch wenn Entwicklung noch so planvoll unterstützt wird, richtet sie sich nicht nach der Uhr, nicht nach einem verallgemeinerbaren Tempo und vollzieht sich nicht an bestimmten Orten. Die individuelle Entwicklungsarbeit im *accompagnato*-Modell bedarf auch individueller Wert sichernder Begleitung.

Zwischen dem Wunsch und einer verändernden Denk- und Handlungsrealität liegen Welten und mehr oder wenig starke Brücken. Darauf wurde bereits in Kapitel 2.6, (»Was wir immer schon wollten – und dann doch nicht tun«), hingewiesen. Es muss also von Anfang an darum gehen, diesen Übergang, den eigentlich transformativen Effekt, zu stützen.

Wünsche und Neigungen werden in der Psychologie in deutlichem Unterschied zum Wollen positioniert. Dieses zeichnet sich dadurch aus, dass zielgerichtete Aktivität erlebt wird und dass ein Bewusstsein für die Fähigkeiten zur Erreichung des Zieles entsteht. Ein weiteres wichtiges Kennzeichen für das Wollen ist die Auseinandersetzung mit Widerständen. Sie gehört zum Kern dieser Disposition. Diese Konfrontation fehlte beispielsweise beim ersten Anliegen-Versuch jener Kollegin, die sich zunächst ihre Stärken bestätigen lassen wollte (siehe Kapitel 5.3).

In Verwandtschaft zu dieser konkreten psychischen Ebene des Wünschens und Wollens steht der Begriff Intentionalität, der von der Philosophie in die Psychologie eingeführt wurde und dort in verschiedensten Verwendungen vorkommt. Im Gegensatz zum Alltagsverständnis von Intention als Absicht steht Intentionalität für eine grundlegende Disposition des Menschen, für eine Gerichtetheit, die in jeder Beziehung zur Umwelt steckt. Jede Bezugnahme ist bereits eine psychische Gerichtetheit. Die Konkretisierung auf das Wollen wird vor allem durch Vertreter der Entwicklungspsychologie wie William STERN dargelegt (Baumgartner 1985).

Wie sehr dieses Wollen bereits das Können in sich tragen kann, zeigt sich im folgenden Beispiel.

Ein erstaunlicher Effekt

Herr F. befindet sich in seinem ersten Dienstjahr als Lehrer. Im Laufe des Schuljahres fällt ihm immer deutlicher auf, dass in seiner 7. Klasse Regeln für eine angenehme Arbeitsatmosphäre nicht oder immer seltener eingehalten werden. Seine Interventionen zeigen kaum oder nur kurz Wirkung. Zur Verbesserung der Situation beschäftigt er sich mit folgenden Fragen:

- Welche Regeln sind mir in dieser Klasse wichtig?
- Welche davon habe ich explizit eingeführt?
- Welche verfolge ich kontinuierlich?

In Ergänzung zu dieser Liste legt er sich eine Schrittfolge von Konsequenzen bei Nicht-Einhaltung zurecht, die von Einzelgesprächen, gezielten Vereinbarungen, bis zur Einbeziehung des Rates und der Gesprächsbeteiligung von Klassenlehrer und Eltern reichen können. Vor dem Hintergrund dieser Klärungen geht er in seine nächsten Unterrichtsstunden mit einem für ihn selbst erstaunlichen Effekt. Noch ohne überhaupt eine Maßnahme zu setzen, scheint sich die Situation deutlich verbessert zu haben. Schon die innere Gewissheit darüber, wie man gegebenenfalls handeln könnte, scheint Wirkung zu entfalten.

Im Gegensatz zu diesem Sonderfall ist der Weg vom Wünschen zum Wollen und Können üblicherweise aufwendiger. Aber auch kleine Maßnahmen sind nicht zu unterschätzen. Die bloße Beobachtung dessen, was durch die Festlegung eines Anliegens in der nächsten Unterrichtszeit passiert, kann schon erstaunliche Erkenntnisse und Möglichkeiten eröffnen.

Methoden zur Reflexion und Auswertung der eigenen Entwicklungsarbeit sind in Literatur zu Coaching und Supervision, aber auch in Beiträgen zur Individualisierung der Leistungsbewertung im Rahmen der Schule zu finden. So kann das Portfolio-Konzept als Mittel individualisierter Auswertungen in allen Phasen des Lernens sinnvoll verwendet werden.

> Beispiele für die Anwendung des Portfolio-Konzeptes in der Lehrerbildung finden sich im »Handbuch Portfolio-Arbeit«. Hier werden die Begleitung von Referendaren und ein Fortbildungsprogramm mit Unterstützung dieser Form vorgestellt (Brunner/Häcker/Winter 2006).

Ob eine Entwicklungsarbeit in Anlehnung an das *accompagnato*-Modell individuell organisiert oder ob ein Kursangebot zu einer solchen oder ähnlichen Arbeit angenommen wird, das Verfolgen eines Anliegens braucht angemessene und kontinuierliche Strategien der Prozessbegleitung und -auswertung, die bestimmten Kriterien entsprechen sollten.

Diese Strategien sollten Kontinuität unterstützen. Günstig ist also eine Methode, die den durchgehenden Entwicklungsprozess begleitet, wie etwa ein Prozesstagebuch. Solche Tagebücher können sehr offen gehalten, Form und Inhalte der Reflexion dem Einzelnen überlassen werden. Sie können aber auch eine grobe Struktur vorgeben, etwa in Form von Leitfragen oder Aspekten, die in jedem Fall immer gestreift werden sollten. Sie können entweder nur für den Schreibenden selbst gedacht sein oder auch als Ausgangspunkt für die Rückmeldung von anderen. Die Unterstützung von Kontinuität ist dann besonders gefordert, wenn es um Themen des Lehrerseins geht, die sich langfristig aufbauen und entwickeln. Der Umgang mit der eigenen Energie ist ein Beispiel dafür.

> Viele Lehrende stehen immer wieder vor dem Problem, sich ausgelaugt zu fühlen. Der Eindruck lässt sie nicht los, dass das Verhältnis von Geben und Nehmen nicht stimmt. In besonders extremen Fällen spricht man vom Burnout-Syndrom. Autoren verschiedenster Fachgebiete haben sich mit diesem Phänomen beschäftigt. So empfiehlt der Psychologe Jörg Fengler eine eingehende Beschäftigung mit den Gefahrenquellen und informiert über Formen der Abhilfe bzw. Prävention (Fengler 1991/2008).
>
> Der Philosoph Peter Sloterdijk erinnert an antike psychodynamische Traditionen und leistet damit einen wichtigen Beitrag zur Ressourcenmobilisierung gegen das Belastungssyndrom Burnout. Selbstachtung, Beherztheit, Mut, Stolz, Zorn, Geltungsdrang, Streben nach Erfolg und Ansehen, Verlangen nach Anerkennung, Gefühl für Würde und Ehre, der Wunsch, sich in Wettbewerben mit gleichrangigen Gegnern und nach hohen Maßstäben zu messen: all diese Eigenschaften werden als ursprüngliche Lebenstriebe gesehen, als Ressourcen, die es aufzuspüren, zu pflegen und zu betätigen gilt (Sloterdijk 2006).

37

Tagebuch zum Energiehaushalt

- Führen Sie über mindestens vier Arbeitswochen ein Tagebuch zur Frage: »Wie gehe ich mit meiner Energie im Unterricht um?« Orientieren Sie sich dabei an folgenden Regeln:

  - Schreiben Sie auf jeden Fall mindestens dreimal pro Woche. Wenn Sie nur wenig Zeit haben, dann schreiben Sie eben einfach weniger.
  - Finden Sie ein für Sie günstiges Ritual: bestimmte Zeit, geeigneter Ort, eine gewisse Einstimmung ...
  - Schließen Sie immer mit einer Energiebilanz. Sie können dafür ein immer wieder gleiches Symbol verwenden: z.B. ein Barometer, in dem die Säule sehr hoch steht für große Zufriedenheit mit der Energiebilanz und eben niedrig, wenn die Zufriedenheit sinkt.

Wenn diese Übung im Rahmen eines Kurses oder in informeller Kooperation mit Kollegen und Kolleginnen durchgeführt wird, könnte sie der Ausgangspunkt für eine Analyse sein (»Was habe ich über mich erfahren?«) und in ein Gespräch eingebracht werden.

Sprachgebundene Formen und hier insbesondere das Schreiben sind nachvollziehbar die am häufigsten verwendeten Mittel der Reflexion und Auswertung. Lern- oder Prozesstagebücher stellen allerdings eine ganz spezielle Form des Schreibens dar. Schreiben wird als Problemlösungsstrategie eingesetzt. Eigenes Wissen sowie eigene Erfahrungen werden aufgerufen, in Form gebracht, geprüft und ggf. überarbeitet. Diese Form ist besonders gut geeignet, um Prozesse mit großer Komplexität, die nicht gleichzeitig überblickt werden können, Schritt für Schritt zu bearbeiten, ohne den Zusammenhang zu verlieren. Es ist anzunehmen, dass dadurch wiederum komplexe Wissensstrukturen erzeugt werden, die zukünftige Handlungen durch eine erweiterte und reflexive Planungsfähigkeit positiv beeinflussen.

Erkenntnisse dazu stammen aus der kognitiven Schreibforschung, die in jüngerer Zeit nicht mehr nur die Qualität der Produkte oder ihre Funktion für die Adressaten, sondern auch den Schreibprozess selbst thematisiert. Dem Schreiben wird eine »epistemisch-heuristische« Funktion zugeschrieben (Molitor-Lübbert 1989, S. 284 ff.), die sich deutlich von den sonst an Schulen vorherrschenden Formen der Wiedergabe von Informationen unterscheidet.

Felix WINTER verweist auf die Probleme der Übertragung dieses Potenzials auf die Schule und betont, dass differenzierte Lernstrategien mit Hilfe von Lerntagebüchern durchaus gefördert werden können, dass solche Evaluationsmethoden aber auf wenig fruchtbaren Boden fallen, wenn sie nicht konsequent gepflegt werden. Auf Eigenständigkeit zielende Lernstrategien brauchen auch eine entsprechende Lernumgebung, um Früchte zu tragen (Winter 2008, S. 254-283).

Methoden zur Auswertung müssen alltagstauglich sein, irgendwann zwischendurch angewandt werden können und auch kleine Formen nützen. Als kleine Auswertungsformen für Zwischendurch eignen sich fiktive Dialoge.

38 Papier-Gespräche

In einem Papiergespräch, wie diese Methode von Marc Levy (Levy 2002, S. 95) genannt wird, führen Sie einen fiktiven Dialog mit einer Person Ihrer Wahl. Beachten Sie im Umgang mit Ihrem imaginären Papierpartner zwei Regeln:

- Stellen Sie sich die Person real und lebendig vor, bevor Sie sie zum Sprechen bringen.
- Bringen Sie die Person dazu, <u>Sie</u> zum Sprechen zu bringen.

• Diskutieren Sie schriftlich in Form eines Dialogs mit dieser Person Ihre Entwicklung, Ihren Fortschritt, den Stand Ihres Vorhabens, Ihre Stärken und Ihre Erfolge.

- Sprechen Sie mit Ihrem Zukunfts-Ich (also mit der Person, die Sie in einem Jahr sein werden).
- Unterhalten Sie sich mit Ihrem gelassenen Ich (d.h. dem Teil von Ihnen, der für Gelassenheit steht).

Auswertungsmethoden sollten den Vorlieben der Person entsprechen, etwa: schreiben, auf Band sprechen, Visualisierungsübungen. Sie sollten die Verbindlichkeit fördern, z.B. durch regelmäßigen Austausch mit einem Kollegen oder in einer Gruppe.

B *Entwicklungstandems*

In einem Kurs zum Qualitätsmanagement im Unterricht waren die Teilnehmer und Teilnehmerinnen dazu aufgefordert worden, sich als Tandems zu beteiligen. Es sollten also jeweils zwei Personen aus einer Schule anwesend sein und sich gegenseitig unterstützen. Dabei war es nicht wichtig, ob die Beteiligten dasselbe Fach unterrichteten. Man sollte lediglich zu gegenseitigen Besuchen im Unterricht und zu regelmäßigem Austausch bereit sein.

Die weitere Entwicklungsarbeit geschah immer in diesen Partnerschaften. Jeder Impuls aus dem Kurs hatte Experimentierphasen im Unterrichtsalltag zur Folge, in denen sich die Teams aufeinander bezogen und ihre Erfahrungen wieder in den Kurs mitbrachten. Die Verbindlichkeit wurde durch die Kommunikation gestärkt.

Schließlich können Auswertungsformen die Motivation fördern, indem sie die Erfolge und Fortschritte und besonderen Leistungen bewusst werden lassen und all das in den Blick rücken, das zur Verstärkung der Entwicklungsrichtung beiträgt.

39
Die Verstärker in der Nähe

Auf dem Weg zu einem Ziel sind Förderer und Hindernisse zu erwarten. Diese Übung widmet sich den Verstärkern. Hierfür ist es günstig, sich mit der Idee des Anliegens schon einmal beschäftigt und eines zur Verfügung zu haben:

- Was wird Sie auf dem Weg zu Ihrem Anliegen unterstützen? Personen, Verhaltensweisen, Dinge ... Legen Sie sich eine Liste an.
- Nehmen Sie nun ein größeres Blatt Papier (am besten A3) und legen Sie fünf konzentrische Kreise an. Der innerste Kreis sollte nicht zu klein sein, damit auch dort Text Platz hat.
- Ordnen Sie Ihre oben angegebenen Verstärker nun in den entstandenen vier Feldern an: Ganz außen finden sich jene Aspekte, die hilfreich sind, aber deren Wirkung Sie nicht sehr groß einschätzen. Je näher Sie ins Zentrum gehen, desto höher schätzen Sie die Wirksamkeit des jeweiligen Verstärkers ein.

Zur Motivierung tragen auch Antizipationen gelingender Situationen bei. Hierbei kann die Wunderfrage gute Dienste leisten:

40
Die Wunderfrage

Diese Übung eignet sich zur Visualisierung zukünftiger Ziele, wenn Bereitschaft und Fähigkeiten im Prinzip schon vorhanden sind, der Glaube an die Umsetzbarkeit eines Zieles aber noch fehlt. Sie ist eine der effektivsten Ressourcenübungen, um den aktuellen Standort auf dem Weg zum Ziel einzuschätzen (Sparrer 2009, S. 55 ff.). Das Anliegen wird als erfüllt antizipiert mithilfe der folgenden Vorstellungshilfe:

Anregung:
Angenommen, in der folgenden Nacht geschieht ein Wunder. Das Wunder besteht darin, dass sich Ihr Anliegen bereits erfüllt hat – einfach so. Wenn Sie nun morgen früh aufwachen und niemand sagt Ihnen, dass das Wunder geschehen ist, woran würden Sie es erkennen?

- Gehen Sie gedanklich durch einen typischen Arbeitstag – allerdings nach Eintreten des »Wunders« – und machen Sie sich Notizen zur veränderten Situation.
- Diese Übung lässt sich noch besser zu zweit durchführen. Gehen Sie in diesem Fall nach der Vorstellungsübung ins Gespräch darüber.

Ein zentrales Verfahren zur Auswertung des individuellen Entwicklungsprozesses stellt im *accompagnato*-Modell das Gespräch nach dem Unterrichtsbesuch dar.

5.6 Was ein gutes Gespräch braucht und bringt

Das Reflexionsgespräch nach dem Unterricht ist die scheinbar selbstverständlichste Sache in der Welt der Lehrerbildung. Es erweist sich jedoch immer wieder als Herausforderung, wenn für den jeweilgen Lehrer ein nachhaltiger Gewinn, ein Antrieb für die weitere Entwicklung entstehen soll. Im *accompagnato*-Modell ist die Auswertung Teil des Anliegen-Findungsprozesses, und sie führt auch wieder zu ihm zurück. Das Lernschwungrad findet einen neuen Impuls durch die Rückführung auf den Ursprung.

> **B**
>
> *Regeln für das Gespräch nach dem Unterricht*
>
> Im Rahmen des Kurses, der die Erfahrungsgrundlage dieses Buches bildet, werden Unterrichtsbesuche in kleinen Teams durchgeführt. Ein Lehrender bzw. eine Lehrende werden von wenigstens zwei weiteren Personen in einer Unterrichtsstunde besucht. Im Zentrum des Unterrichts steht das jeweilige Anliegen, und die Gäste werden durch den Gastgeber mit entsprechenden Beobachtungsaufgaben ausgestattet.
> Das Gespräch nach dem Unterricht wird in der Anfangsphase von einer Person aus dem Kursleitungsteam moderiert. Sie kommt im Anschluss an den Unterricht in die Schule und achtet nach einem Kurzbericht über den Inhalt der Unterrichtsstunde auf die Einhaltung der Zeit (45 Minuten) und der folgenden Gesprächsregeln:
>
> - Erste Eindrücke: Es beginnt zunächst der Gastgeber mit Eindrücken zur Unterrichtsstunde nach der Regel: Positives zuerst.
>
> - Beobachtungen beschreiben: Im Anschluss daran erhalten die Beobachter das Wort. Auch hier gilt: Positives zuerst. In der Moderation wird darauf geachtet, dass die Rückmeldungen zunächst ganz auf der Ebene der Beschreibung von Beobachtungen bleiben. Als Grundlage dienen die Beobachtungsaufgaben des Gastgebers. Interpretationen werden vorerst noch hintenangestellt.
>
> - Wirkungen der Fremdbeobachtung benennen: Nach dieser Phase geht das Wort an den Gastgeber. Er fasst zusammen, was ihm hilfreich erscheint und worauf er in Zukunft sein Augenmerk richten möchte.
>
> - Handlungsoptionen explorieren: Erst nach diesen Eindrücken des Gastgebers kann noch ein Gespräch über weitere Handlungsmöglichkeiten entstehen, in dem die Gäste ihre Beobachterrolle verlassen und eigenen Interpretationen und Erfahrungen Raum geben.
>
> - Den Stand des Anliegens einschätzen: Das Gespräch schließt mit der Aufforderung an den Gastgeber, den Stand des Anliegens einzuschätzen. Wird es noch eine Zeit lang Beobachtungs- und Experimentierfeld sein? Ist es zu adaptieren oder kann es als erreicht angesehen und ein neues in den Blick genommen werden?

Diese und ähnliche Regeln sind in Beratungskontexten keine Neuigkeit. Sie heben das Gespräch aus dem Konversationsmodus und geben ihm Richtung und Systematik. Sie schaffen im direkten und übertragenen Sinn einen geschützten Raum und bereiten eine Vertrauensbasis durch die Aktivierung der Ressourcen. Sie lenken konsequent die Aufmerksamkeit auf den Gastgeber als Hauptperson und geben ihm die Chance, die Beobachtungen der anderen zu deuten und selbst passende Lösungsmöglichkeiten zu entwickeln. Sie tragen der Tatsache Rechnung, dass das Gespräch nach dem Unterricht eine sensible Phase im besten und für das Lernen fruchtbarsten Sinn des Wortes sein kann.

Eine der häufigsten Fallen in solchen Gesprächen ist die Versuchung von Lehrenden, ihr riesiges Arsenal an Deutungen, Rezepten und Beispielen gelungener Praxis vorschnell zu öffnen. Dies kann für alle Beteiligten hemmend sein. Im Kapitel 2.4, »Wege, gemeinsam zu denken«, wurde bereits auf die große Bedeutung der Suspendierung von eigenen Bewertungen und Deutungen für die Qualität des Gesprächs hingewiesen. An dieser Stelle sei ein anderer Aspekt hinzugefügt.

Die Fallen liegen paradoxerweise in dem, was Menschen im Alltag über lange Jahre gelernt haben. So verführt beispielsweise die Organisation Schule Lehrende dazu, eine sich ständig bestätigende Wissenshierarchie gegenüber den Schülern und Schülerinnen zu erleben. Hinderlich ist dabei weniger das Wissen, als vielmehr die Haltung, »es« zu wissen. Manchmal ist sogar »Entlernen« nötig, um sich weiterzuentwickeln.

> Auf eindrückliche Weise stellt Fritz B. Simon den allgemeingültigen positiven Ruf des Lernens infrage. Müssen wir für ein erfolgreiches Leben nicht gerade auch die Kunst beherrschen, nicht zu lernen? Er stellt diese Frage aus der Perspektive eines Praktikers, erfahren in der Arbeit mit Personen und Organisationen und erstaunt darüber, welche möglichen und unmöglichen Formen von Verrücktheit sie entwickelt haben.
> Nicht alles, was wir lernen, nützt uns. Aus seiner Perspektive ist es nicht nur wichtig zu fragen, wie man lernt, sondern auch, wie man sich vor Lernen schützen kann.
> Simon weist darauf hin, dass wir manchmal »entlernen« müssen, um uns weiterzuentwickeln (Simon 1997/2007, S. 105 ff.).

Für denjenigen, der im Unterricht besucht wird, besteht eine Form des Entlernens darin, dass seine Deutungen durch die Beobachtungen der anderen »gestört« werden; für die Beobachtenden, wenn sie erfahren, dass ihre Beobachtungen für den Betroffenen zu anderen Interpretationen und Handlungsoptionen führen, als ihnen das logisch erscheint. Das aber lässt sich überhaupt erst erleben, wenn das Öffnen der Quelle eigener Praxiserfahrungen erst dann erfolgt, wenn sich für den Betroffenen bereits eigene Ansatzpunkte für weitere Aktionen ergeben haben. Erst dann können sie souverän genützt und adaptiert werden. Erst dann bleibt er am Steuer seiner Entwicklung.

41 *Die Kunst, nicht zu lernen*

- Finden Sie ein Beispiel, in dem Sie sich in letzter Zeit dem Lernen erfolgreich und aus jetziger Sicht sinnvoll verweigert haben.
- Finden Sie ein Beispiel, in welchem die Weigerung eines Schülers oder einer Schülerin, etwas zu lernen, im Nachhinein als positiv zu bewerten wäre.

Die zu Beginn des Kapitels angeführten Gesprächsregeln dienen nicht zuletzt dazu, die Aufmerksamkeit für das Anliegen zu behalten. In der Fülle der inneren und äußeren Bewegungen, die eine Unterrichtsstunde enthält, ist der Fokus nicht leicht zu behalten. Die Konzentration auf ein Anliegen, wie es im Rahmen des *accompagnato*-Modells vorgeschlagen wird, erhält in der Situation des Gesprächs einen weiteren Akzent. Die Konzentration öffnet den Möglichkeitsraum. Das Anliegen bleibt also Ausgangs- und Bezugspunkt durch den gesamten Prozess.

Abschließend mag ein Beispiel aus dem künstlerischen Bereich die Wirkung des Fokus noch einmal veranschaulichen und den Lernkreislauf bis hierher zu einem vorläufigen Ende bringen.

Fokus als Konzentrationspunkt in der Bewegung

In dem Film »Rhythm is it«[6] kann man Tanzpädagogen bei der Arbeit mit Kindern und Jugendlichen beobachten. Sie proben für eine Choreographie zu Strawinskys »Le Sacre du Printemps«, das schließlich mit den Berliner Philharmonikern aufgeführt werden wird. Eine der ersten Übungen mit den Jugendlichen ist das Finden eines Fokus.
So üben sie, nach einer Phase der freien Bewegung durch den Raum, plötzlich stehen zu bleiben, mit konzentriertem Blick auf irgendeine weit entfernte Stelle. Sie müssen erst einmal und immer wieder auf sich verwiesen und auf diese Konzentration eingestellt werden. Mit der Zeit stellt sich im Moment der Fokussierung unwillkürlich eine ganzkörperliche Spannung ein, die nicht nur nach außen wirkt. Sie ist wie der Ursprung einer Tanzhaltung, die vom Alltagsgebrauch des Körpers hin zu seiner gezielten Nutzung als Ausdrucksmedium führt.

---

6 »Rhythm is it! You can change your life in a dance class.« (2005) Ein Film von Thomas Grube und Enrice Sanchez Lansch mit den Berliner Philharmonikern, Dirigent: Simon Rattle. Boomtown Media: Berlin.

6
Wie sich die Elemente zusammenfügen

6 Wie sich die Elemente zusammenfügen

Der hier angestrebte Prozess der Professionalisierung, des Sich-Bildens, bewirkt im günstigen Fall, dass Ende und Anfang in einzigartiger Weise ineinanderfließen und dass sich die Person ihrer selbstgesteuerten Entwicklung bewusst wird.

Wenn in pädagogischen Fortbildungsangeboten Inhalte und Methoden von der Persönlichkeit und den jeweiligen Schulstandorten losgelöst werden, zeigt sich ein grundsätzliches Dilemma formaler Bildungsorganisationen: durch Verallgemeinerung von Aussagen soll die Übertragbarkeit auf möglichst viele konkrete Situationen erreicht werden. Was für alle gilt, lässt sich jedoch im jeweiligen Kontext nur auf äußerst unterschiedlichen Wegen verwirklichen. In Übungsphasen mögen Vorgänge vorübergehend isolierbar sein, in der Komplexität des alltäglichen Ablaufs muss aber jede Verhaltensweise neu und anders integriert werden. Der Vorgang des Adaptierens von etwas Neuem in ein vorhandenes System stellt einen aufwendigen Prozess dar, denn Systeme widersetzen sich Veränderungen. Häufig gelingt diese Anpassungsleistung nur oberflächlich, wenn etwa eine neue Methode einige Male enthusiastisch erprobt wird, ansonsten aber alles beim Alten bleibt.

> Franz E. WEINERT unterscheidet vom Wissens- und Fertigkeitserwerb bis zur Allgemein- und Persönlichkeitsbildung vier Transfertypen.
>
> - Der vertikale Lerntransfer steht für den Erwerb intelligenten Wissens.
> - Der horizontale Lerntransfer meint das intelligente, adaptive Anwenden von Inhalten und Fakten.
> - Lateraler Lerntransfer zielt auf Metakognition, auf das Lernen des Lernens.
> - Als vierten Typus ergänzt WEINERT den handlungsbedingten Lerntransfer, der auf die Allgemein- und Persönlichkeitsbildung zielt.
>
> Der Transfer wird immer komplexer und tiefer gehend, dieser Prozess fordert unterschiedliche Methoden. Während der vertikale Lerntransfer über direkte Instruktion auch in homogenen Lerngruppen stattfinden kann, benötigen die anderen Transfertypen, vor allem der vierte, die Heterogenität der Gruppe als optimale Lernumgebung. An der Beschreibung des handlungsbedingten Lerntransfers, der auch die Wertorientierung einbezieht, wird besonders deutlich, dass Lernen nicht von der Persönlichkeit abstrahierbar ist (Weinert 1998, S. 101-125).

Das *accompagnato*-Modell stellt die Person mit ihrer unverwechselbaren Einzigartigkeit und Andersartigkeit in den Mittelpunkt. Aus deren beruflicher Situation, deren Bedürfnissen und Wünschen wird das Anliegen herausgeschält. Nicht nur die Anliegen sind individuell, auch in der Form der Suche unterscheiden sich die Menschen. Die eigenen Stärken und Defizite sind aus dem Zustand der Ahnungen zu holen, berufliche Visionen sind von den Einzelnen zu benennen und zu bewerten. Die gewählten Anliegen sind mit den Alltagsroutinen zu konfrontieren und der genaueren Beobachtung Außenstehender zu öffnen; die inneren und äußeren Veränderungen wahrzunehmen und zu ordnen.

Für jede Phase dieses Prozesses zeigen sich bei den Personen andere Dispositionen. Der eine kann ohne Weiteres auch vor anderen von seinen Schwächen sprechen und sieht Schwierigkeiten grundsätzlich optimistisch. Eben diese Haltung stellt für einen anderen einen erheblichen Entwicklungsaufwand dar. Während die eine Spaß am Planen und Antizipieren von Möglichkeiten am »grünen Tisch« hat, entwickelt die andere Planungselemente am ehesten aus dem Alltagshandeln heraus.

Viele Prinzipien der Arbeit mit dem *accompagnato*-Modell wurden bereits in Kapitel 2 (»Sich bilden – wachsen auf gutem Nährboden«) eingeführt. Sie werden hier aufgegriffen und ergänzt mit dem Ziel, die Prozessdynamik im Ganzen zu beleuchten. Dabei ist immer wieder zu fragen: Wie entsteht für die Person ein fruchtbarer Lernkreislauf? Wie wird daraus ein Instrument des Selbstmanagements?

6.1 Kreisläufe, Zyklen, Phasen – Zur Architektur der Veränderung

Wenn wir von »Kreislauf«, »Zyklus« oder »Phase« sprechen, stehen die Begriffe für eine Fülle von Lernbewegungen, die bildhaft aufzulösen viel zu komplex wären, da sie in nur bedingt planbarer Weise Schritte, Sprünge, Schleifen und Spiralen vollziehen. In der theoretischen Untersuchung des Lernens ist man längst von mechanistischen Vorstellungen linearer Reiz-Reaktions-Schemata weggegangen. Organismen reagieren auf äußere Einflüsse alles andere als mechanisch. Vielmehr läuft eine Fülle von Prozessen im Inneren ab, die anhand der äußeren Reaktion nicht ablesbar sind. Das ist der Grund, warum selbst einfache Organismen erstaunlich kreativ auf unerwartete Situationen reagieren können. Phasen- und Kreislaufmodelle sind Typisierungen solcher Prozesse.

Wiederkehr und Wiederholung als Elemente, die Kreisläufe ausmachen, beziehen sich in unserem Fall auf drei Prozessinitiatoren vom Anliegen über die Konfrontation dieses Anliegens mit der aktuellen Unterrichtsrealität und der Beobachtung Außenstehender bis zur Auswertung. Das Individuum ist mit jedem Durchlauf ein anderes oder besser gesagt, es wird gerade durch diesen Kreislauf ein verändertes.

Solche und ähnliche Abläufe finden sich im alltäglichen Leben und in einer Reihe psychologischer Modelle. Sie stellen gewissermaßen einen Topos der Entwicklung dar. So wird das Rubikon-Modell, auf das wir uns bereits in Kapitel 3 (»Anliegen klären«) bezogen haben, in den Phasen »Abwägen – Planen – Handeln – Bewerten« beschrieben. In unserem Fall wird die letzte Phase wieder auf den Beginn rückbezogen und damit die Initiierung weiterer solcher Prozesse bewusst angeregt.

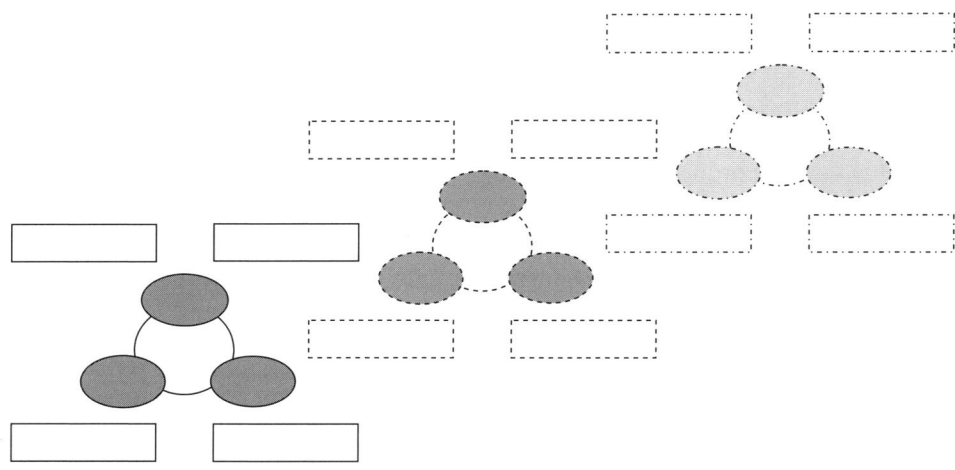

Der accompagnato-*Lernkreislauf, Version 3*

> Einen ganz ähnlichen Dreischritt stellt John ERPENBECK aus neurowissenschaftlicher Perspektive dar:
>
> - Als Ausgangspunkt nennt er die psychonervale Selbstorganisation. Sie setzt Intentionalität voraus – ERPENBECK spricht sogar von einer Art Schöpfungswillen – kann spontan erfolgen oder von außen ausgelöst werden.
> - Daraufhin folgen physische, psychische, geistige Tätigkeit, Handlung, Praxis, Umweltveränderung.
> - Schließlich erfolgen die Auseinandersetzungen mit dem Resultat und damit die Neuanregungen psychonervaler Selbstorganisation (Erpenbeck 1993, S. 178).

Im Prozess des *accompagnato*-Modells werden verschiedenste Schichten der Person integriert: die Vorstellung erwünschter Situationen und Effekte mit der gegenwärtig erlebten Realität, Denken und Fühlen, der eigene Blick auf die Praxis mit jenem Außenstehender, um nur einige zu nennen.

Die drei Prozess-Schleifen greifen ineinander, können teilweise synchron laufen und stehen in einem interdependenten Verhältnis. Jeder Prozess kann an bestimmten Stellen zum Stillstand kommen, wenn der erforderliche Entwicklungsschritt noch nicht geleistet worden ist. Er behindert in der Folge auch das Weiterkommen in den beiden anderen. Die Blockade spiegelt sich dort.

So tragen die einzelnen Phasen eine Reihe von Entwicklungsaufgaben in sich. Die Anliegen-Findung lebt davon, dass sich die jeweilige Person mit ihren Wünschen konfrontieren, dass sie sowohl ihre Stärken als auch ihre Schwächen benennen kann. Sie bedarf der Imaginationsfähigkeit, die Berufszufriedenheit durch eigene Aktivität steigern zu können.

Für die Unterrichtsbesuche ist ein dialogisches Verhalten die zentrale Entwicklungsaufgabe. Dies scheint zunächst eine Selbstverständlichkeit zu sein. Aber viele Gesprächssituationen im Alltag innerhalb und außerhalb der Schule bleiben unbefriedigend. Schon im Kapitel 5.6 (»Was ein gutes Gespräch braucht und bringt«) wurde auf die Herausforderung dieser Aufgabe hingewiesen. »Begegnen« kann nur, wer sich dialogisch verhält, also eine gleichwertige, symmetrische Gesprächssituation herzustellen vermag.

Die Phase der Auswertung führt wieder auf das Anliegen zurück. Nun beginnt eine Phase der Erprobung, der Irritierung von Handlungsroutinen, die viel Ausdauer erfordert. Man muss sich vorstellen, dass in der Alltagsdynamik alte Routinen und neue Vorhaben gleichzeitig wirksam werden, wobei die Macht der Gewohnheit die noch unvertrauten, neuen Vorhaben zu überdecken droht. Es erfordert Geduld und Konsequenz, sich dadurch nicht verfrüht von scheinbaren Rückschlägen oder Sackgassen demotivieren zu lassen. Die Wertschätzung der eigenen Leistungen stellt hierbei einen wichtigen und notwendigen Schritt im Weiterkommen dar. Sie hilft, Motivation zu erhalten, und diese sorgt wiederum dafür, dass sich der psychische und physische Organismus regenerieren können.

Die als idealtypisch skizzierten drei Phasen des Kreislaufs werden von den einzelnen Personen unterschiedlich erlebt. Der Lernprozess bekommt für den einen eher hier, für den anderen eher dort Schwung. Dies lässt sich am alltäglichen Kreislauf für Unterrichtende »Planen – Durchführen – Auswerten« veranschaulichen.

Der Hebel am Schwungrad

Im Rahmen eines Kurses wurde eine ähnliche Art des Dreischrittes, nämlich vom Planen über das Durchführen im Unterricht bis zur Auswertung der Arbeit, zum Thema gemacht. Die Teilnehmer und Teilnehmerinnen erhielten zunächst die Aufgabe, diese drei Phasen auf ihren Alltag zu beziehen und einzuschätzen, wie viel Zeit und Energie sie jeweils darauf verwenden, aber auch, an welchen Stellen sie die meiste Energie gewinnen würden.

In der weiteren Arbeit ging es darum, diesen Dreischritt als Schwungrad zu begreifen, das je nach Typus an verschiedenen Stellen besonders viel Energie erhält. Während eine Teilnehmerin davon schwärmte, wie sie das großzügige Planen genießt, das Entwerfen von Ideen und Erstellen von schönen Materialien, entstand im anderen Fall die meiste Energie für das Planen direkt im und nach dem Unterricht. In beiden Fällen ging es im Weiteren darum, den Arbeitsalltag so umzustellen, dass diese Energie zum Tragen kommt.

B

> So nahm sich die erste Teilnehmerin vor, einzelne Projekte auszuwählen, sich bewusst den Luxus aufwendiger Planung zu leisten und sich im sonstigen Unterricht mehr das Schöpfen aus der Routine zu erlauben. Während der zweite Teilnehmer den Rhythmus des Planens umstellte, also die Ideen nicht nach Tagen vor der nächsten Stunde wieder hervorzuholen suchte, sondern sie nach dem Unterricht am selben Tag oder in einer freien Stunde zwischendurch zumindest sammelte.

Die Metapher des Kreislaufs, die hier im Zentrum steht, wird nicht nur im positiven Sinne benützt. Man denke etwa an den Teufelskreis (»Circulus vitiosus«) oder an den Sisyphos-Mythos. Als Symbol des Absurden und der Sinnlosigkeit ist der Held zu ewiger mühevoller Bewegung verdammt, ohne weiterzukommen, ohne ein oder gar *sein* Ziel zu erreichen. Die Wiederholung bedeutet Leerlauf und Fluch, eine Art Gefangenschaft im stets Gleichen. Sisyphos ist das krasseste Gegenbild zu Autonomie und Veränderungsfähigkeit (Bernfeld 1925/2006).

Wie kommt man nun zu einem fruchtbaren Kreislauf?

6.2 Lernen, das einen Unterschied macht

An verschiedenen Stellen dieses Buches wurde auf das Verständnis von Lernen hingewiesen. Diese Gedanken sollen hier ergänzt und erweitert werden.

Zunächst einmal zeichnet sich der Lernprozess dadurch aus, dass sein Ausgangspunkt erst gesucht werden und dass zunächst auch das vorläufige Ende noch nicht klar sein muss. Es handelt sich also um einen zieloffenen Prozess, der durch Reflexion initiiert wurde.

> Zu diesem Punkt war in Kapitel 3 (»Anliegen klären«) schon auf den von Ortfried SCHÄFFTER geprägten Begriff der »reflexiven Transformation« hingewiesen worden. Er bettet dieses Verständnis von Lernen in der Erwachsenenbildung in den sozialen Kontext ein und betont die besondere Dynamik der »Transformationsgesellschaft«.
> Nicht nur das Tempo, sondern auch die Art und Weise, wie sich Strukturen, Institutionen etc. verändern, sei unberechenbarer geworden. Es reichte nicht mehr, immer schneller Neues zu lernen, vielmehr wäre es erforderlich, sich mit dem Thema »Wandel« selbst zu befassen. Auf die neuartigen Transformationsmuster müsse mit reflexiver Lernorganisation für lebensbegleitendes Lernen geantwortet werden (Schäffter 1998, S. 12).

Diese Unterscheidung wurde zwar mit Blick auf die Erwachsenenbildung entwickelt. Es ist aber evident, dass solches Lernen sinnvollerweise schon früh anzulegen und zu üben ist. Welche Rolle könnte es in der Schule spielen?

> **42** *Welche Lernformen nutzen Sie?*
>
> - Benennen Sie Beispiele zu den von SCHÄFFTER vorgeschlagenen drei Transformationstypen aus Ihrem Alltag:
>   - Welche Formen benutzen Sie persönlich häufig?
>   - Welche selten oder gar nicht?
> - Übertragen Sie diese Fragen auch auf die Arbeit mit Ihren Schülerinnen und Schülern.

Während der Begriff »reflexive Transformation« auf die Besonderheit des offenen Ausgangs- und Zielpunktes hinweist, versuchen andere Konzepte die Tiefenwirkung des Lernens zu erfassen und hinter die Kulissen der Handlungen zu blicken.

Mit dem Hinweis auf die »mentalen Modelle« in Kapitel 2.6 (»Was wir schon immer wollten – und dann doch nicht tun«) wurde bereits einmal auf den Untergrund des Verhaltens hingewiesen. Dass damit auch die Ebene der persönlichen Werte berührt wird, ist offenkundig.

> Dies passiert zwangsläufig auch, wenn Jack MEZIROW in der Erwachsenenbildung von »transformativem Lernen« spricht. Der Begriff »Transformation« bezieht sich hier auf zwei Dimensionen: zum einen auf die Veränderung von Bedeutungsschemata und zum anderen auf die von Bedeutungsperspektiven.
> Für den ersten Fall geht es um die Veränderung unserer Bilder über die Substanz einer Problemlösung oder über ein bestimmtes Verfahren, das als ungenügend aufgefasst wird. Perspektiventransformation meint, dass grundlegende Prämissen unseres Handelns infrage gestellt und verändert werden. Hier ist also die internalisierte Wertewelt betroffen (Mezirow 1997, S. 164).
>
> „*Wenn wir eine aussichtsreiche Perspektive gefunden haben,*
> *machen wir uns diese nicht bloß zu Eigen, sondern deuten sie auch,*
> *indem wir sie imaginativ interpretieren, um sie dadurch zu unserer eigenen zu machen.*
> *Die so entstehende Perspektive ist niemals genau die gleiche wie die,*
> *die ursprünglich von anderen zum Ausdruck gebracht wurde.*"
>
> (Mezirow 1997, S. 157)

Im *accompagnato*-Lernkreislauf werden die neuen Erfahrungen und Fähigkeiten in die eigene Sinn- und Wertewelt integriert. Die Wertmaßstäbe, die im Laufe des Lebens übernommen worden sind, müssen für die gegenwärtige berufliche Situation neu interpretiert werden. Wenn Maßstäbe, die der eigenen Arbeit Sinn verleihen, und die erlebte Schulrealität zu weit auseinanderklaffen oder wenn sie im Zuge des alltäglichen Handelns verloren gegangen sind, wird die Entwicklung blockiert.

> *Perspektiventransformation*
>
> Frau W. beklagt die von Jahr zu Jahr schlechter werdenden Schülerleistungen. Sie führt dies auf einen mangelhaften Aufbauunterricht in den Grundschulen zurück. Die individuellen Fördermaßnahmen würden genau das Gegenteil bewirken, anstelle von Disziplin und Anstrengung würde der Nachhilfeunterricht die Gleichgültigkeit und Unselbstständigkeit unterstützen.
> Im kommenden Schuljahr nimmt Frau W. das Angebot wahr, ein ganzes Jahr mit einer Grundschulklasse mit Integrationsschwerpunkt punktuell mitzuarbeiten. In dem Lehrerteam arbeitet auch eine Integrationslehrerin für seh- und hörbehinderte Kinder. Die Art und Weise, wie diese Kollegin mit den Schülerinnen kommuniziert, verändert im Laufe des Schuljahres die Sichtweise von Frau W. entscheidend: Sie erlebt hier den Zusammenhang von sozialem Verhalten und fachlichen Fähigkeiten beim Lernen viel stärker, als ihr das in der Sekundarschule möglich war.

Das *accompagnato*-Modell ist für die Professionalisierung im Alltag der Lehrenden gedacht und nicht zur Intervention in Extremsituationen. Diese Form der Entwicklungsarbeit braucht die Möglichkeit, wählen zu können. Extremsituationen fehlt diese Chance, sie erzwingen Reaktionen und streben nach einer ersten Linderung, die nicht mit der hier intendierten nachhaltigen und bewussten Steuerung der eigenen Professionalisierung zu vereinbaren ist. Ein Anliegen muss man nicht nur finden können, sondern auch finden wollen. Das hier intendierte Lernen führt schließlich zu Fragen wie: Warum soll ich überhaupt etwas wollen? Kann man wollen lernen?

Es mag im Alltag immer wieder Zweifel geben, wie frei wir darin sind, den einen oder anderen Schritt zu gehen. Der Weg durch diesen Lernkreislauf fordert jedenfalls Entscheidungen.

> In der Psychologie wurde der freie Wille über den größten Teil des 20. Jahrhunderts vernachlässigt oder geleugnet. Erst in den 1980er-Jahren wurde das Problem der willentlichen Steuerung und Kontrolle sowohl in der Kognitions- als auch in der Motivationspsychologie wieder aufgegriffen. Intentionalität und die Untersuchung ihrer Mechanismen werden (wieder) zum Thema. Die moderne Volitionsforschung geht den Prozessen zwischen dem Wollen und der tatsächlichen Handlung nach und betrachtet sie gewissermaßen unter der Lupe. Auf Bezüge zu dieser Forschungsrichtung wurde bereits im Kapitel 3 (»Anliegen klären«) hingewiesen (Goschke 2002, S. 270-335).

> *„Denken Sie einmal genau darüber nach, was für Erfahrungen Sie haben, wenn Sie ganz gewöhnliche, normale Alltagshandlungen vollziehen. Sie werden spüren, dass die Möglichkeit, anders zu handeln, in diesen Erfahrungen eingebaut ist."*

So will John SEARLE auf die Tatsache hinweisen, dass wir immer Wahlmöglichkeiten haben.

43

Den Möglichkeitssinn stärken

Zur Stärkung des Möglichkeitssinns eignet sich folgende Übung:

- Rufen Sie sich gedanklich eine Unterrichtsstunde als Übungsobjekt ins Gedächtnis. Nehmen Sie ein Beispiel, mit dem Sie grundsätzlich zufrieden sind.
- Notieren Sie die wesentlichen Interventionen im Unterricht in Form einer Liste.
- Wählen Sie eine Intervention aus und finden Sie eine weitere Aktion bzw. Verhaltensweise, die sich möglichst stark davon unterscheidet.
- Wie viele Variationen fallen Ihnen spontan ein? Versuchen Sie so fantasievoll wie möglich zu sein.

Ein Beispiel:
Ich komme in die Klasse und warte, bis alle ruhig geworden sind und mir den Blick zuwenden. Nach der Begrüßung lege ich den Filmausschnitt eines Theaterstücks ein, das Ausgangspunkt für die nächste Arbeitsphase ist.

1. Variation:
Ich bin vor der Klasse im Raum, sitze am hinteren Ende und der Filmausschnitt läuft bereits. An der Tafel steht die Frage, der die Schüler und Schülerinnen später nachgehen sollen.

2. Variation:
Ich komme in die Klasse, lese nach der Begrüßung den Text der ersten Rolle vor und gebe ihn an eine Schülerin weiter, die damit die zweite Rolle erhält usw.

3. Variation:
Ich komme in die Klasse und spreche den Beginn des Theaterstücks. Ein Kollege, der so freundlich ist, für den Beginn der Stunde mitzukommen, steht am hinteren Ende der Klasse und spricht die zweite Rolle.

Sich Ziele setzen, sie mehr oder weniger rasch verwirklichen und aus der neuen Situation heraus wieder andere Ziele verfolgen – tun wir das nicht jeden Tag? Um welches Wollen geht es hier?

Die Formulierung eines Anliegens geht über das hinaus, was man Antriebswillen nennt und wofür etwa der Satz »Ich will essen.« stehen könnte. Auch der sogenannte Entscheidungswillen reicht hier möglicherweise nicht mehr aus. Er verlangt zwar schon komplexere kognitive Vorgänge, symbolisches Denken und das Imaginieren von Handlungsergebnissen, ist aber noch nicht imstande, kreative Momente zu erfassen. Anliegen könnten Ausdruck dessen sein, was Schöpfungswillen (Erpenbeck 1993, S. 177 ff.) genannt wird. Er zeigt sich am deutlichsten in dem Wunsch, künstlerisch tätig zu sein, wird aber in jeglichen komplexen Problemlösungssituationen bedeutsam. Denn wir wählen Handlungsoptionen ja nicht aus einer endlichen Menge an Möglichkeiten, die sich vor uns ausbreitet, sondern erfinden gewissermaßen immer wieder welche. Gerade Lehrende können ein Lied davon singen, wie viel Kreativität das fluide Agieren und Reagieren in komplexen sozialen Geflechten erfordert.

6.3 Sich Zeit geben

»Eigenzeit«, »Entschleunigung«, »Ökologie der Zeit« (Held/Geißler/Adam 1995) – solche Begriffe stehen für eine Tendenz, sich dem Umgang mit dem Tempo in einer sich beschleunigenden Welt zu widmen, ihn zusehends als existenziell für die Erhaltung und Entwicklung von Systemen anzusehen. Menschen haben wie andere natürliche Organismen ihre Eigenzeit, das heißt, sie weisen Unterschiede in ihren Rhythmen auf. Sie sind also nicht zu gleichen Zeiten gleich intensiv reaktions- und leistungsbereit. Individuelle Abweichungen von diesen Eigenzeiten sind nur in gewissem Maße möglich. Bei Überschreitung dieser Toleranzgrößen kann dies zu einer Destabilisierung führen, also auch zu gesundheitlichen Folgen.

Nicht nur Menschen, Veränderungen haben ebenfalls ihre Eigenzeit. Wer sich in einem längerfristigen Wachstums- und Veränderungsprozess befindet, braucht Geduld und Zeit, um sich selbst mit der Eigenzeit von Veränderungen in Einklang zu bringen. Nicht nur Gedanken, auch die Gefühle sorgen für Unruhe. Vorhandene Fähigkeiten werden als nicht mehr ausreichend für die neue Situation gewertet, und alles schon Erreichte scheint in diesem Zustand wenig hilfreich und wird zeitweilig als unbrauchbar abgewertet. Es entsteht eine Spannung, die eine Zeit lang ausgehalten werden muss.

Menschen in derartig spannungsvollen Lernprozessen benötigen eher Begleitung als Belehrung. Was zählt, sind Empathie und ein Verständnis für Langsamkeit, wenn scheinbarer Stillstand droht oder vorübergehende Rückschritte unumgänglich sind. Die Erfahrung, dass Entwicklung in Phasen und Stufen verläuft und ihrem Wesen nach immer einen Transformationsprozess darstellt, widerspricht vielen traditionellen Umgangsformen mit Lernen. Ein Umdenkprozess ist nötig, wenn nicht mehr der Stoff, sondern der Mensch mit seinen vielfältigen Bedürfnissen, Fähigkeiten und Grenzen im Mittelpunkt steht.

Bildungsinstitutionen haben jeweils spezifische Formen des Umgangs mit Zeit und mit der Deutung von verfügbarer Lernzeit. Man findet hier zumeist eine enge Portionierung von Zeit, welche die Menschen prägt, die in diesen Bildungssystemen sozialisiert sind. Unter Steuerbarkeit von pädagogischen Prozessen werden unter anderem die Herstellung von Ordnung und die verbindliche Regelung von Unterrichtszeiten verstanden. Lernangemessene Entfaltungsmöglichkeiten werden in diesen Systemen eher als Zeitverschwendung gedeutet. Der von Karl JASPERS stammende Ausspruch »der Student müsse die Freiheit haben, zu verkommen« (Jaspers 1946/1980, S. 50) bringt die gegenteilige Haltung zum Ausdruck, dass nämlich der Aspekt des Zeit-Habens und Sich-Zeit-Nehmens eine unabdingbare Voraussetzung für die Fähigkeit zu autonomer Gestaltung jenseits fremdbestimmter Einflüsse darstellt. So ist es geradezu ein Markenzeichen von Reformschulen, dass sie sich stärker der Eigenzeit der Menschen zuwenden.

> Eine ausführliche Beschreibung des Zeitbegriffs in der Pädagogik findet sich in dem Buch »Zeit als Bildungskategorie« (Hribernik 2008, S. 395–398). Die Autorin zeigt den Zusammenhang zwischen dem Zeitbegriff und der damit zusammenhängenden Auffassung von Bildung. Eine pragmatische Bedeutung des Zeitbegriffs entspricht einer mechanistischen Auffassung von Bildung. Im Gegensatz dazu sieht sie lernangemessene Entfaltungsmöglichkeiten und Gelassenheit im Umgang mit Zeit als eine Forderung an die Schulen (Hribernik 2008, S. 420 ff.).
>
> Den souveränen Umgang mit der (knappen) Zeit thematisiert auch Ursula DREWS (Drews 2008) in ihrem Buch »Zeit in Schule und Unterricht«, das Lehrer und Schüler gleichermaßen in den Blick nimmt.

Abstand gewinnen und dadurch den Möglichkeitssinn schärfen ist ein Leitmotiv in der Arbeit mit dem *accompagnato*-Modell. In Distanz zu gehen, noch dazu zu sich selbst, erfordert Zeit. Die nötige Distanz wird auf natürliche Weise hergestellt, wenn der Anliegen-Prozess Raum erhält. Sie entsteht durch die Thematisierung des Beobachtens, durch die Konfrontation mit den Sichtweisen der anderen und in den Schritten, die man zurücktreten muss, um die bisherigen Effekte zu erkennen.

Vielfach werden Methoden eingesetzt, die der Entschleunigung dienen, indem sie beispielsweise Mikroprozesse unter die Zeit-Lupe nehmen und sie für die Analyse gewissermaßen dehnen. Anders wäre eine Auseinandersetzung mit den blitzschnell erforderlichen Aktions- und Reaktionsweisen gar nicht möglich.

> Die Frage, warum erfahrene Lehrende im Moment und in wechselnden Situationen blitzschnell zur Einschätzung der Lage und zum effektiven Handeln fähig sind, führt zum Kern der Professionalität. Die Form des Wissens, das hier zum Tragen kommt, wurde mit Begriffen wie »implizites Wissen«, »praktisches Wissen«, »Erfahrungswissen« oder »tacit knowledge« belegt. Die Geschwindigkeit des Reagierens basiert auf einem effektiven Integrationsprozess, in welchem das explizit erworbene Wissen über das Fach, die Merkmale der Situation und die persönliche pädagogische Philosophie ineinandergreifen. Solche Prozesse enthalten aktive und passive Momente. Die einzelne Person veranlasst und lässt geschehen.
> Erfahrungswissen ist, wie der Begriff nahelegt, von einer Fülle von Erfahrungen abhängig, baut sich im Tun auf und ist Bestandteil eines lebenslangen Prozesses (Polanyi 1958/2000).

Die hier intendierte Qualität der Entwicklung erfordert die Wachsamkeit gegenüber und das Zulassen einer Reihe von ineinander verschränkten Prozessen, die unterschiedlich lange dauern und auf verschiedenen Bewusstseinsebenen liegen. Ein typisches Beispiel dafür ist die Unterschiedlichkeit in der Veränderung des Denkens und der Emotionen. Lange bevor ein Gefühl sich eingestellt hat, kann schon eine Lösung im Denken entworfen sein, oder umgekehrt kann sich ein Gefühl blitzschnell äußern, bevor man sich darüber klar geworden ist, welche Gedanken einen beeinflusst haben.

Die Kategorie der Zeit spielt z.B. auch als Hilfsmittel zur Modellierung des Anliegens eine Rolle. Als ein Merkmal zur Einschätzung der Größenordnung gilt der Hinweis, dass es in einem vier- bis sechswöchigen Beobachtungs- und Aktionszeitraum zu wahrnehmbaren positiven Veränderungen kommt.

Entwicklungszeit ist daher als Gegenmodell zu funktionalisierter und planbarer Zeit zu begreifen.

Die Inkubationszeit gestalten

Frau G. hat sich einige Wochen lang die Mühe gemacht, ihre schon länger wirkende Unzufriedenheit näher zu beobachten. Sie will herausfinden, in welchen Momenten sich diese in Form von Ärger, Ungeduld oder Frustration während ihres Schulalltags zeigt. Als Methode hat sie eine einfache Struktur angefertigt. In ihrem Notizheft hält sie fest:

Auslöser: Hier trägt sie Stichworte ein, die die Situation benennen.
Stärkstes Gefühl: Hier sucht sie eine genaue Bezeichnung zu finden.
Handlungsimpuls: Hier notiert sie, was sie am liebsten spontan tun würde, z.B. den Raum verlassen, laut schreien usw.

Nach einer Woche unterzieht sie ihre Notizen einer ersten Auswertung. Sie entdeckt, dass ihr Ärger sich nahezu ausschließlich auf eine bestimmte Form des Rückfragens durch ihre Schülerinnen und Schüler bezieht. Sie erlebt diese Fragen als Abwertung ihrer konstanten Bemühung, durch Erklärungen zu unterstützen.
Es dauert noch einige Zeit, bis sich Frau G. über ihr Anliegen klar wird: Sie will in der folgenden Zeit darauf achten, das Erklären zurückzustellen und andere Wege zur Initiierung von Lernprozessen zu finden.

Der »Verein zur Verzögerung der Zeit«, der von dem Philosophen Peter HEINTEL 1990 gegründet wurde, will das Innehalten und die Bedeutung des eigenen Zeitrhythmus ins Bewusstsein bringen. Durch einen Rückgriff auf die griechische Antike wird die Verschiedenheit dieses Zeitbegriffs zu dem in unserer Kultur vorherrschenden deutlich. Demnach unterschieden die Griechen zwischen »Chronos« und »Kairos« (www.zeitverein.com/zeitverein/fs_zeitverein.html; Abruf 05.11.2009).
»Chronos« steht für die gleichförmig ablaufende äußere, die exakte Zeit, die mit Uhren und Kalendern gemessen wird. Die Verabsolutierung dieses Verständnisses von Zeit führt zu dem Gefühl der Fremdsteuerung. Zeit wird mit Tempo gleichgesetzt, und sogenannte unproduktive Pausenzeiten werden vermieden.
»Kairos« steht im Gegensatz dazu für die ungleichmäßig ablaufende innere Zeit, die den Gefühlen zugänglich ist, für den »rechten Augenblick«. Diese Zeitvorstellung zielt darauf, angemessene Zeitrhythmen zu finden, Ruhe und Aktivität in eine organische Balance zu bringen, sich Zeit zu nehmen.

Der *accompagnato*-Lernkreislauf stärkt das »Kairos«-Zeitgefühl. Zeit geben und sich Zeit lassen sind für die organische Wechselbeziehung von außen und innen wichtig. Die Kunst sich zu bilden bedeutet daher auch Gelassenheit im Umgang mit Zeit.

6.4 Einen offenen Prozess steuern

Eigene Steuerwerkzeuge entwickeln

Michel SERRES zitiert die Wegbeschreibung eines Hochseefischers, der Zeit seines Lebens ohne Karten und Navigationsinstrumente die Nordmeere befuhr:

> So fährt man nach Saint-Pierre: fahre so lange Richtung untergehender Sonne, wie du im Wasser eine bestimmte kleine Alge treiben siehst; wenn dann das Meer sehr, sehr blau wird, halte dich etwas links, da kannst du gar nicht irregehen, das ist die Gegend, wo die kleinen Tümmler sich mit Vorliebe aufhalten, wo es eine starke Nordströmung gibt, wo der vorherrschende Wind nur schwach, in leichten Böen bläst und die Dünung stets kurz ist, dann kommt das große graue Rechteck und dann die Gegend, in der man den Kurs der großen Eisberge kreuzt; wenn man sie sieht, liegt da die erste Bank, unter dem Wind.
>
> (Serres 1993/2003, S. 337)

Sich bilden ist ein offener Prozess, und er fordert die Entwicklung von eigenen Werkzeugen. Dieses Beispiel kann einerseits zur Verdeutlichung des oben angesprochenen Erfahrungswissens dienen. Es veranschaulicht aber andererseits eindrucksvoll die Unterschiedlichkeit von Sichtweisen und von entwickelten Werkzeugen zur Bewältigung alltäglicher Herausforderungen. Die Steuerung des eigenen Entwicklungsprozesses wird im *accompagnato*-Modell zwar von außen angeregt, sie funktioniert aber nur, wenn das Steuerrad tatsächlich von der jeweiligen Person übernommen und die möglichen Wege und Wegweiser selbst entwickelt werden.

Für jemanden, der einen Kurs im Sinne dieses *accompagnato*-Modells leiten möchte, wäre es durchaus denkbar, dass sich die inneren Bilder seiner Teilnehmer für den Entwicklungsprozess ähnlich stark unterscheiden wie jene des Hochseefischers von jenen eines formal ausgebildeten Navigators.

Der Verweis auf die Personen ist von der Entwicklung des Anliegens an konsequent zu verfolgen und stößt immer wieder auf Widerstände.

„Sagen Sie mir, wie es geht!"

Dieser oder ähnliche Gedanken sind Feinde des hier vorgeschlagenen Modells. Sie hinter sich zu lassen, ist eine große Aufgabe im Rahmen einer Kultur, die den theoretischen Wandel des Lernverständnisses an Schulen noch nicht grundsätzlich vollzogen hat.

> Kersten REICH eröffnet sein Buch »Lehrerbildung konstruktivistisch gestalten« mit einer Bilanz. Er stellt zunächst den Wandel des Lernverständnisses in der Theorie fest, von einem überwiegend kausalen Lernbegriff, der auf Abbildung, Reiz-Reaktion und Instruktion basiert, hin zu einem Lernbegriff, der auf Handlung, Wachstum, konstruktivem Lernen beruht und die angemessene Lernumgebung berücksichtigt.
> In Deutschland werde besonders ab der Sekundarstufe I ein rationalisiertes Lernen vertreten, das an der Instruktionsdidaktik und den Fächervorgaben orientiert sei und die Welt der Lernenden zu wenig berücksichtige. Das veränderte Lernverständnis muss auch Auswirkungen auf die Lehrerbildung haben, deren Reform REICH dringend anregt (Reich 2009, S. 15 ff.).

Was hier für heranwachsende Lernende gesagt wird, gilt erst recht für Erwachsene, auch wenn deren Lernen prinzipielle Unterschiede aufweist. Instruktion ist damit nicht ausgeschlossen, es verändert sich lediglich ihr Stellenwert. Sie ist ein Angebot zum Auslösen einer individuellen Lernbewegung, die allerdings erst vollzogen werden muss, oder sie wird aufgrund von Lernprozessen eingefordert. Andernfalls kommt der Satz des polnischen Autors Stanislaw Jerzy LEC zur Geltung:

> *„Vieles hätte ich verstanden,*
> *wenn man mir es nicht erklärt hätte."*

Instruktion in Maßen

Im Rahmen des Kurses, der den Erfahrungshintergrund für dieses Buch bildet, werden immer wieder ausgewählte theoretische Impulse gegeben. Sie dienen jedoch grundsätzlich als Spielball zum Erproben verschiedener Perspektiven. So wird etwa das Schichtenmodell zur Analyse von Konflikten (Schmidt/Berg 1995) mehrfach zur Disposition gestellt. Die einzelnen Schichten von der innersten bis zur äußersten (Person, Werte, Verhalten, Rolle, Organisation) werden erst einmal nur benannt und in einer Körperübung eingeführt. Dafür stehen fünf Stuhlreihen zur Verfügung, hintereinander aufgestellt in Reihen (einige Stühle mehr als Teilnehmer). Die Personen haben eine Zeit lang Gelegenheit, verschiedene Positionen zu testen. Welchen Eindruck macht es, sich in der vordersten Reihe (Organisation) aufzuhalten, in der Mitte, ganz hinten? Nach dieser Phase wird ein Gespräch über die Erfahrungen angeschlossen. Erst danach wird in das Modell eingeführt.
Darauf folgt eine erste Phase, das Modell anhand eines Beispiels gemeinsam gedanklich durchzuspielen.
Für die Zeit bis zum nächsten Kurs erhalten die Teilnehmer schließlich die Aufgabe, Beobachtungen mithilfe des Modells zu ihrem eigenen Unterricht anzustellen und in Zweierteams über E-Mail dazu in Kontakt zu bleiben.
Schließlich werden die Effekte dieser Phase im Kurs noch einmal zum Thema gemacht und das Instrumentarium auf Grundlage der Erfahrungen auf der Metaebene zur Diskussion gestellt.

> In diesem gesamten Prozess nimmt die Instruktion einen verschwindend kleinen Teil der Zeit ein. Das Hauptgewicht liegt auf dem Verarbeiten, Experimentieren und Integrieren des theoretischen Impulses.

Wenn die Steuerung von Lernprozessen in die Hand von Lernenden gegeben werden soll, wie dies auch für das *accompagnato*-Modell vorgeschlagen wird, dann kommen auf diejenigen, die solche Prozesse anregen wollen, im Vergleich zur traditionellen Rolle von Lehrenden neue Aufgaben zu. Vokabeln wie unterstützen, ermöglichen, Impulse setzen, begleiten, moderieren, stärken, ermutigen, die anstelle von lehren in der aktuellen Literatur gerne verwendet werden, stehen für eine Haltung, die dem oben erwähnten Lernverständnis eher entspricht. Sie stellt die Person ins Zentrum, betont die Beziehungsebene des Lernens und lässt den Lehrenden zurücktreten. Das ist auch der Hintergrund für den aus der Welt der Musik entlehnten Begriff *accompagnato*. Diese Umorientierung ist in der Theorie längst vollzogen und betrifft die Arbeit in der Schule ebenso wie die Erwachsenenbildung.

Steuern als bewusster und aktiver Prozess braucht auch einen Gegenpart, nämlich das Loslassen. Schon im Kapitel 6.3 (»Sich Zeit geben«) scheint diese Qualität durch. Denn Lernen ist nur begrenzt beschleunigbar, auch wenn die allgemeine Akzeleration in der globalisierten Welt das Gegenteil zu fordern scheint. Die Veränderung der Tiefenstrukturen des Lernens ist nicht wie ein Stoff abzuarbeiten. Loslassen hat einerseits eine zeitliche Dimension, es meint aber andererseits auch die Zurücknahme von Aktivität in bestimmten Phasen. Manchmal entsteht Effektivität gerade dadurch, weniger zu tun, zumindest im Sinne nach außen gerichteter Handlungen.

So kann es höchst effektiv sein, sich in der Auseinandersetzung mit einem Anliegen erst einmal mit mehr oder weniger systematischen Beobachtungen zu begnügen und die gewonnene Frage wirken zu lassen. Anregende Gesprächssituationen enthalten Momente der aktiven Intervention ebenso wie solche der Zurücknahme.

Es ist durchaus herausfordernd, bei der Beschreibung von Beobachtungen zu bleiben und sich der Deutungen erst einmal zu enthalten. Eine erfahrungsgemäß anspruchsvolle Form der Zurücknahme erfordert das Annehmen von Rückmeldungen. Im Gegensatz zur vielfach zu beobachtenden Aktivierung einer Haltung der Verteidigung oder der Rechtfertigung ist ein innerliches Zurücklehnen gefordert, um die Gelegenheit zum Erfahren anderer Sichtweisen überhaupt ergreifen zu können.

Auch wenn die Details der Lern- und Suchbewegungen in dem hier intendierten Prozess von der jeweiligen Person selbst nicht genau benannt oder geplant werden können, gibt es doch eine Reihe von Indizien dafür, inwieweit der Prozess des Sich-Bildens gelingt und sich ein Lernkreislauf aufbaut.

44 *Indizien für einen gelingenden Lernkreislauf*

Diese Liste an Feststellungen dient als Indizienkatalog für eine intensivere Arbeit mit dem *accompagnato*-Modell. Falls Sie die Übungen der vorangegangenen Kapitel erprobt haben, lässt sich möglicherweise auch schon ein Effekt erkennen.

- Welche der folgenden Feststellungen trifft auf Sie zu?
    - Ich denke häufiger darüber nach, was mir im Beruf wirklich wichtig ist.
    - Ich nehme meine Bedürfnisse und Ziele ernst.
    - Ich entwickle zunehmend Konsequenz, im Alltag mit Beobachtungen zu experimentieren.
    - Das Verfolgen eines Anliegens wirkt sich positiv auf mein Engagement aus.
    - Ich spreche mit Kolleginnen und Kollegen über mein Anliegen.
    - Ich kann mir gut vorstellen, einen Kollegen oder eine Kollegin gezielt in meinen Unterricht einzuladen bzw. habe das schon getan.
    - Das Verfolgen eines Anliegens führt zu einer spürbaren Verbesserung des Unterrichts.
    - Ich kann mir gut vorstellen, die eine oder andere Form der Auswertung immer wieder zu verwenden.
    - Ich bemerke andere positive Effekte, z.B. in Bezug auf meine Energie, die Zufriedenheit, die Atmosphäre, die Kommunikation.
- Führen Sie diese Liste weiter.

6.5 Sich bilden – ein Abenteuer

Danny Boodmann T.D. Lemon Novecento verbrachte sein Leben auf einem Ozeandampfer (vgl. Kapitel 1.1). Er entwickelte zunächst eine fantastische Einzigartigkeit als Mensch und Musiker, aber seine Identität lebte in einer Verweigerung von Fremdeinflüssen. Er verließ nie das Schiff, das, wie anfangs erwähnt, zwar durchaus als die schwankende Welt des Lebens zwischen Sicherheit und Unsicherheit gedeutet werden kann, aber letzten Endes mit der unendlichen Weite der Welt und der Unplanbarkeit des Lebens außerhalb eines eng und klar begrenzten Raumes nicht vergleichbar ist.

„*Diese ganze Welt am Leib, von der man nicht mal weiß, wo sie aufhört / Und wie viel es davon gibt / Habt ihr denn nie Angst, dass ihr in tausend Stücke springt, schon wenn ihr nur daran denkt, an diese Riesigkeit, wenn ihr nur daran denkt?*"

(Baricco 1994/2009, S. 73)

Mit diesen Worten begründet Novecento die Unfähigkeit, von Bord zu gehen.

War zunächst diese Erzählung Ausgangspunkt für den Beginn eines aufblühenden individuellen Entwicklungsprozesses, so muss die hier vertretene Idee des Sich-Bildens die Welt Novecentos bald verlassen. Die berufliche Reise, die immer wieder neue Auseinandersetzungen mit sich bringt und die Identität herausfordert, verhindert eine Rückkehr auf das vertraut gewordene Schiff.

Im *accompagnato*-Modell kommen die Menschen nicht an einer bekannten Stelle an, sondern sie haben ihre Einstellungen und Gewohnheiten überprüft, umgeordnet und haben Neues in ihr berufliches Handeln integriert. Diese Form des Bildungsprozesses ist mit einem Abenteuer vergleichbar. Der Prozess der Entwicklung selbst mit all seinen Offenheiten und Unvorhersehbarkeiten ist das Aufregende.

Mit dem *accompagnato*-Modell wird ein personaler Ansatz zur Verfügung gestellt. Er trägt auch eine gesellschaftliche Vision in sich: Je mehr einzelne Personen die Möglichkeit sehen und aufgreifen, aus ihrem Potenzial heraus die eigene Entwicklung gestalten zu dürfen und zu können, desto wahrscheinlicher kann auch das System als Ganzes alte Grenzen überwinden. Mit Menschen, die solche oder ähnliche Wege zur Professionalisierung im Beruf gehen, mag auch eine veränderte Kultur *sich bilden*.

Literaturverzeichnis

Alheit, Peter (2004): Eine neue Sicht des Fremden als pädagogische Schlüsselkompetenz. In: Elis, Karlpeter: Bildungsreise - Reisebildung. Wien: Lit. S. 21-28.
Althof, Wolfgang (Hg.) (1999): Fehlerwelten. Vom Fehlermachen und Lernen aus Fehlern. Beiträge und Nachträge zu einem interdisziplinären Symposium aus Anlass des 60. Geburtstages von Fritz Oser. Wiesbaden: VS Verlag für Sozialwissenschaft.
Anderson, Tom (1996): Das reflektierende Team. Dialoge und Dialoge über die Dialoge. Systemische Studien. Dortmund: Modernes Lernen.
Antonovsky, Aaron (1979/1991): Health, stress, and coping. San Francisco: Jossey-Bass Publ.
Argyris, Chris (1999): Defensive Routinen. In: Fatzer, Gerhard (Hg.): Organisationsentwicklung für die Zukunft. Ein Handbuch. Köln: Edition Humanistische Psychologie. S. 179-226.
Baricco, Alessandro (1994/2009): Novecento. Die Legende vom Ozeanpianisten. München: dtv.
Bauman, Zygmunt (1998/2005): Moderne und Ambivalenz. Das Ende der Eindeutigkeit. Hamburg: Hamburger Edition.
Baumgartner, Elisabeth (1985): Intentionalität. Begriffsgeschichte und Begriffsanwendung in der Psychologie. Würzburg: Königshausen u. Neumann.
Berger, Wilhelm; Ratschiller, Klaus; Schmidt, Esther (2003): Unmögliches Werden. Denkfiguren - Porträts – Gespräche über das Fremde. Wien: Turia & Kant.
Bernfeld, Siegfried (1925/^{10}2006): Sisyphos oder die Grenzen der Erziehung. Frankfurt am Main: Suhrkamp.
Bourdieu, Pierre (1999): Die Regeln der Kunst. Genese und Struktur des literarischen Feldes. Frankfurt am Main: Suhrkamp.
Bourdieu, Pierre; Seib, Günter (1993/2008): Sozialer Sinn. Kritik der theoretischen Vernunft. Frankfurt am Main: Suhrkamp.
Brunner, Ilse; Häcker, Thomas; Winter, Felix (Hg.) (2006): Das Handbuch Portfolioarbeit. Konzepte - Anregungen - Erfahrungen aus Schule und Lehrerbildung. Seelze-Velber: Kallmeyer Verlag.
Bueb, Bernhard (2008): Von der Pflicht zu führen. Neun Gebote der Bildung. Berlin: Ullstein HC.
Drews, Ursula (2008): Zeit in Schule und Unterricht. Souverän im Umgang mit Zeit. Weinheim: Beltz.
De Waele, Martin; Morval, Jean; Sheitoyan, Robert (1993): Self Management in Organizations. The Dynamics of Interaction. Bern: Huber.
English, Fanita (2001/^{8}2008): Transaktionsanalyse. Gefühle und Ersatzgefühle in Beziehungen. Salzhausen: iskopress.
Erpenbeck, John (1993): Wollen und Werden: Ein psychologisch-philosophischer Essay über Willensfreiheit, Freiheitswillen und Selbstorganisation. Konstanz: Universitätsverlag.
Fatzer, Gerhard (Hg.) (1999/^{3}2004): Organisationsentwicklung für die Zukunft. Ein Handbuch. Köln: Edition Humanistische Psychologie.
Fengler, Jörg (^{2}2002): Feedback geben. Strategien und Übungen. Weinheim: Beltz.
Fengler, Jörg (1991/^{7}2008): Helfen macht müde. Zur Analyse und Bewältigung von Burnout und beruflicher Deformation. Stuttgart: Klett-Cotta.
Geißler, Karlheinz A. (1994/^{9}2002): Anfangssituationen. Was man tun und besser lassen sollte. Weinheim: Beltz.

Geuen, Heinz; Stöger, Christine (2007): Jeder unterrichtet anders!? Individuelle Lehrkompetenz und gruppenorientiertes Qualitätsmanagement am Beispiel des Accompagnato-Kurses. In: BFG-kontakt 4. Musikpädagogik vor neuen Herausforderungen. Beiträge und Berichte 2005 bis 2007. S. 111-122.
Gladwell, Malcolm (^{4}2005): Blink! Die Macht des Moments. Frankfurt am Main: Campus.
Goffman, Erving (1983/2009): Wir alle spielen Theater. München: Piper.
Gollwitzer, Peter M. (1992): Abwägen und Planen. Bewusstseinslagen in verschiedenen Handlungsphasen; Motivationsforschung Bd. 13. Göttingen: Hogrefe.
Goschke, Thomas (2002): Volition und kognitive Kontrolle. In: Müsseler, Jochen; Prinz, Wolfgang (Hg.) (2002): Allgemeine Psychologie: Spektrum Akademischer Verlag. S. 270-335.
Grawe, Klaus (1996): Klärung und Bewältigung. Zum Verhältnis der beiden wichtigsten therapeutischen Veränderungsprinzipien. In: Reinecker, Hans; Schmelzer, Dieter (Hg.) (1996): Verhaltenstherapie, Selbstregulation, Selbstmanagement. Frederick H. Kanfer zum 70. Geburtstag. Göttingen: Hogrefe. S. 49-74.
Hartkemeyer, Martina; Hartkemeyer, Johannes F. (2005): Die Kunst des Dialogs - Kreative Kommunikation entdecken. Erfahrungen, Anwendungen, Übungen. Stuttgart: Klett-Cotta.
Heckhausen, Heinz; Heckhausen, Jutta; (^{3}2009): Motivation und Handeln. Heidelberg: Springer.
Held, Martin; Geißler, Karlheinz A.; Adam, Barbara (1995): Von Rhythmen und Eigenzeiten. Perspektiven einer Ökologie der Zeit. Stuttgart: Hirzel (Edition Universitas).
Hentig, Hartmut von (1996/^{9}2007): Bildung. Ein Essay. Weinheim: Beltz.
Herriger, Norbert (^{6}2006): Stichwort Empowerment. In: Deutscher Verein für öffentliche und private Fürsorge (Hg.): Fachlexikon der sozialen Arbeit. Berlin: Soziale Theorie und Praxis Eigenverlag.
Hribernik, Christiana (2008): Zeit als Bildungskategorie. Hamburg: Kovac.
Isaacs, William (2002): Dialog als Kunst gemeinsam zu denken. Die neue Kommunikationskultur in Organisationen. Bergisch Gladbach: Edition Humanistische Psychologie.
Janosch (2009): Oh, wie schön ist Panama. Weinheim: Beltz.
Jaspers, Karl (1946/1980): Die Idee der Universität. Berlin: Springer.
Kahl, Reinhard (2000): Lob des Fehlers: eine Serie. Nachdr. Hamburg: Pädagogische Beiträge-Verlag.
Kaiser, Arnim (2003): Selbstlernkompetenz. Metakognitive Grundlagen selbstregulierten Lernens und ihre praktische Umsetzung. München: Luchterhand.
Klein, Susanne (^{2}2007): 50 Praxistools für Trainer, Berater und Coachs. Überblick, Anwendungen, Kombinationen. Offenbach: Gabal.
Krause, Frank; Storch, Maja (2009): Ressourcen aktivieren mit dem Unbewussten. Manual und Materialien für die Arbeit mit der ZRM-Bildkartei. Bern: Huber.
Levy, Mark (2002): Geniale Momente. Revolutionieren Sie Ihr Denken durch persönliche Aufzeichnungen. St. Gallen, Zürich: Midas Management.
Lion, Brigitte (2002): Das Schichtenmodell - ein Weg zum besseren Verständnis alltäglicher Konfliktsituationen im Schulalltag. In: System Schule. Systemische Pädagogik in der Schulpraxis. 6. Jahrgang, Heft 1/März 2002. S. 18-23.
Lion, Brigitte; Rotar-Pance, Branka; Sicherl-Kafol, Barbara; Stöger, Christine (2004): Die Kompetenzen für den Musiklehrberuf entwickeln. In: Niermann, Franz; Wimmer, Constanz (Hg.): Musiklernen – ein Leben lang. Materialien zur Weiterbildung. Wien: Universal Edition. S. 223-230.
Lion, Brigitte (2008): Dilemma im universitären Alltag. Irritationen und Widersprüche im Spiegel von Gesellschaft und Organisation. München - Mering: Hampp.
Luhmann, Niklas (2003): Beobachter. Konvergenz der Erkenntnistheorien? München: Fink.
Maturana, Humberto R. (1987/2009): Der Baum der Erkenntnis. Die biologischen Wurzeln menschlichen Erkennens. Frankfurt am Main: Fischer.
Meyer, Hilbert (2004/^{5}2008): Was ist guter Unterricht? Berlin: Cornelsen-Scriptor.

Mezirow, Jack (1997): Transformative Erwachsenenbildung. Hohengehren: Schneider.
Molitor-Lübbert, Silvia (1989): Schreiben und Kognition. In: Antos, Gerd; Krings, Hans D. (Hg.): Textproduktion – ein interdisziplinärer Forschungsüberblick. Tübingen: Niemeyer. S. 278-296.
Neuweg, Georg H. (1999/³2004): Könnerschaft und implizites Wissen. Zur lehr-lerntheoretischen Bedeutung der Erkenntnis- und Wissenstheorie Michael Polanyis. Münster, München, Berlin: Waxmann.
Niermann, Franz; Wimmer, Constanze. (Hg.) (2004): Musiklernen – ein Leben lang. Materialien zu »Weiterbildung – lifelong development«. Wien: Universal-Edition.
Oser, Fritz (1994): Ist Fehlermachen erlaubt? Zu einer Theorie des gesteuerten Irrtums. In Rothbucher, Heinz (Hg.): Grenzen erfahren, Räume schaffen. Salzburg: Müller. S. 26-45.
Pischetsrieder, Gerd; English, Fanita (1996): Ich - Beruf, Leben, Beziehungen. Orientierungshilfen für Beziehungen und Verhalten im Beruf. Hamburg: Pischetsrieder Consulting.
Polanyi, Michael (1958/2000): Personal knowledge. Towards a post-critical philosophy. Chicago: The Univ. of Chicago Press.
Prior, Manfred (⁸2009): MiniMax-Interventionen. 15 minimale Interventionen mit maximaler Wirkung. Heidelberg: Carl Auer.
Radatz, Sonja (2000): Beratung ohne Ratschlag. Systemisches Coaching für Führungskräfte und BeraterInnen; ein Praxishandbuch mit den Grundlagen systemisch-konstruktivistischen Denkens, Fragetechniken und Coachingkonzepten. Wien: Institut für Systemisches Coaching und Training.
Reich, Kersten (⁵2005): Systemisch-konstruktivistische Pädagogik. Einführung in Grundlagen einer interaktionistisch-konstruktivistischen Pädagogik. Weinheim: Beltz.
Reich, Kersten (⁴2008): Konstruktivistische Didaktik. Lehr- und Studienbuch mit Methodenpool Weinheim: Beltz .
Reich, Kersten (Hg.) (2009): Lehrerbildung konstruktivistisch gestalten. Wege in der Praxis für Referendare und Berufseinsteiger. Weinheim: Beltz.
Röhl, Sigrid (2004): Fanita English über ihr Leben und die Transaktionsanalyse. Salzhausen: iskopress.
Schäffter, Ortfried (1998): Organisationsentwicklung als Rahmen zur pädagogischen Entwicklungsbegleitung. In: PflegePädagogik. Das europäische Magazin der Lehrerinnen und Lehrer für Gesundheits- und Sozialberufe. 1998, Heft 6. S. 12-21.
Schäffter, Ortfried (2001): Weiterbildung in der Transformationsgesellschaft. Zur Grundlegung einer Theorie der Institutionalisierung. Hohengehren: Schneider.
Schmidt, Eva Renate; Berg, Hans Georg (³1995): Beraten mit Kontakt. Gemeinde- und Organisationsberatung in der Kirche, ein Handbuch. Offenbach/M.: Burckhardthaus-Laetare.
Schön, Donald A. (2005): Educating the reflective practitioner. Toward a new Design for Teaching and Learning in the Professions. San Francisco Calif.: Jossey-Bass.
Schulz von Thun, Friedemann (1989/¹⁸2008): Miteinander reden 2. Stile, Werte und Persönlichkeitsentwicklung. Differentielle Psychologie der Kommunikation. Reinbek bei Hamburg: Rowohlt.
Schulz von Thun, Friedemann (1998/¹⁶2008): Das »Innere Team« und situationsgerechte Kommunikation. Kommunikation, Person, Situation. Reinbek bei Hamburg: Rowohlt.
Schulz von Thun, Friedemann (2001/⁶2006): Praxisberatung in Gruppen. Erlebnisaktivierende Methoden mit 20 Fallbeispielen zum Selbsttraining für Trainerinnen und Trainer, Supervisoren und Coachs. Weinheim: Beltz.
Searle, John R. (1997): Die Konstruktion der gesellschaftlichen Wirklichkeit. Zur Ontologie sozialer Tatsachen. Reinbek bei Hamburg: Rowohlt.
Senge, Peter M. (2005/¹⁰2008): Die fünfte Disziplin. Kunst und Praxis der lernenden Organisation. Stuttgart: Schäffer-Poeschel.
Serres, Michel (1993/2003): Die fünf Sinne. Eine Philosophie der Gemenge und Gemische. Frankfurt am Main: Suhrkamp.

Simon, Fritz B. (1997/⁴2007): Die Kunst, nicht zu lernen. Und andere Paradoxien in Psychotherapie, Management, Politik. Heidelberg: Carl Auer .
Simon, Fritz B.; Rech-Simon, Christel (⁷2006): Zirkuläres Fragen. Systemische Therapie in Fallbeispielen. Ein Lernbuch. Heidelberg: Carl Auer.
Sloterdijk, Peter (2006): Zorn und Zeit. Politisch-psychologischer Versuch. Frankfurt am Main: Suhrkamp.
Sparrer, Insa (2009): Wunder, Lösung und System. Lösungsfokussierte Systemische Strukturaufstellungen für Therapie und Organisationsberatung. Heidelberg: Carl Auer.
Spitzer, Manfred (2002/2009): Lernen. Gehirnforschung und die Schule des Lebens. Heidelberg: Spektrum.
Sprenger, Reinhard K.; Plaßmann, Thomas (¹¹2002): Das Prinzip Selbstverantwortung. Wege zur Motivation. Frankfurt/Main: Campus.
Sprenger, Reinhard K. (2005): Aufstand des Individuums. Warum wir Führung komplett neu denken müssen. Frankfurt am Main: Campus.
Storch, Maja; Krause, Frank (2007): Selbstmanagement - ressourcenorientiert. Grundlagen und Trainingsmanual für die Arbeit mit dem Zürcher Ressourcen Modell, ZRM. Bern: Huber.
Stöger, Christine (2004): Erfahrungswissen für den Lehrberuf. „accompagnato" – Ein Kurskonzept zur Vernetzung von Studium und Beruf. In: Diskussion Musikpädagogik. 23/04. S. 33-39.
Stöger, Christine; Lion, Brigitte (2004): Das Musikpädagogische Zentrum – eine Initiative zur Vernetzung von Studium und Berufsfeld. Bericht und Reflexion. In: Niermann, Franz; Wimmer, Constanz (Hg.): Musiklernen – ein Leben lang. Materialien zur Weiterbildung. Wien: Universal Edition. S. 118-122.
Taleb, Nassim Nicholas (2008): The black swan. The impact of the highly improbable. London: Penguin Books.
Unruh, Thomas; Petersen, Susanne (⁸2007): Guter Unterricht – Handwerkszeug für Unterrichts-Profis. Lichtenau: AOL-Verlag.
Varga von Kibed, Matthias; Sparrer, Insa (2000): Ganz im Gegenteil. Tetralemmaarbeit und andere Grundformen systemischer Strukturaufstellungen. Für Querdenker und solche, die es werden wollen. Heidelberg: Carl Auer.
Volkers, Achim (2008): Wissen und Bildung bei Foucault. Aufklärung zwischen Wissenschaft und ethisch-ästhetischen Bildungsprozessen. Wiesbaden: VS Verlag für Sozialwissenschaft.
Watzlawick, Paul; Beavin, Janet H.; Jackson, Don D. (1969/2003): Menschliche Kommunikation. Formen, Störungen, Paradoxien. Bern: Huber.
Watzlawick, Paul; Krieg, Peter (2008): Das Auge des Betrachters. Beiträge zum Konstruktivismus. Festschrift für Heinz von Foerster. Heidelberg: Carl Auer.
Weinert, Franz E. (1998): Neue Unterrichtskonzepte zwischen gesellschaftlichen Notwendigkeiten, pädagogischen Visionen und psychologischen Möglichkeiten. In: Wissen und Werte für die Welt von morgen. Dokumentation zum Bildungskongress des Bayerischen Staatsministeriums für Unterricht, Kultur, Wissenschaft und Kunst. München. S. 101 – 125.
Willutzki, Ulrike (2003): Ressourcen: Einige Bemerkungen zur Begriffsklärung. In: Schemmel, Heike; Schaller, Johannes (Hg.): Ressourcen. Ein Hand- und Lesebuch zur therapeutischen Arbeit: Deutsche Gesellschaft für Verhaltenstherapie. S. 91-109
Winkler, Heike; Tangen, Dieter (2009): MiniMax für Lehrer. 16 Kommunikationsstrategien mit maximaler Wirkung. Weinheim: Beltz.
Winter, Felix (³2008): Leistungsbewertung. Eine neue Lernkultur braucht einen anderen Umgang mit den Schülerleistungen. Hohengehren: Schneider.

Verzeichnis der Übungen

Kapitel 2: Sich bilden

1. Lernen auf Reisen 19
2. Lernen im Alltag 19
3. Lernen und Status 20
4. Höhen und Tiefen Ihres Entwicklungsprozesses 23
5. »Ich muss« – »Ich soll« – »Ich will« 25
6. Der »fremde Blick« 33
7. Die unausgesprochenen Regeln 34
8. Ein Verhalten mit verdeckten Widersprüchen 36
9. Zwei Verhalten – zwei innere Theorien 38
10. Zurück zur Beschreibung 38
11. Meine Ressourcen 41
12. Bewegungsfreiheit 42

Kapitel 3: Anliegen klären

13. Kleines Anliegen mit weitreichender Wirkung 46
14. Das Land der Wünsche und Befürchtungen 49
15. Zirkuläre Fragen 50
16. So sehe ich meine Professionalität im Lehrberuf 51
17. Mein Berufsalltag in fünf Jahren 53
18. »Ich möchte …« 54
19. Wie das Anliegen sichtbar wird 57

Kapitel 4: Konfrontationen inszenieren

20. Stärken aus der Kindheit 63
21. Paradoxe Widersprüche im schulischen Alltag 64
22. Wertmaßstäbe 67
23. Willkommene Gäste I und II 68
24. Verschiedene Brillen 69
25. Beobachtungen für einen Unterrichtsbesuch 71
26. Das gute Gefühl 74
27. Von der Beobachtung zur Beschreibung 75

28. Wachsamkeit gegenüber Killerphrasen 75
29. Von der Beschreibung zu unterschiedlichen Deutungen 76
30. Immer stimmt nie 77
31. Umdeuten als Alltagshygiene 78

Kapitel 5: Wert schätzen

32. Tendenzen in der Wertung 82
33. Negatives Wissen bewusst machen 84
34. Meine Geschichte 88
35. Gute Anfänge 90
36. Meilensteine der Entwicklung 90
37. Tagebuch zum Energiehaushalt 95
38. Papier-Gespräche 96
39. Die Verstärker in der Nähe 97
40. Die Wunderfrage 97
41. Die Kunst, nicht zu lernen 100

Kapitel 6: Wie sich die Elemente zusammenfügen

42. Welche Lernformen nutzen Sie? 107
43. Den Möglichkeitssinn stärken 109
44. Indizien für einen gelingenden Lernkreislauf 116

Auf den Lehrer kommt es an!

Todd Whitaker
Was gute Lehrer anders machen
14 Dinge, auf die es wirklich ankommt.
2009. 128 Seiten. Broschiert.
EUR 16,95 D
ISBN 978-3-407-62655-4

Entscheidend für erfolgreichen Unterricht sind – die Lehrer. Sie können, auch unter den schwierigen Rahmenbedingungen unseres Bildungssystems, für ihre Schüler eine Menge bewegen.

Das Buch zeigt anhand zahlreicher praktischer Beispiele, was erfolgreiche Lehrer anders machen als ihre Kollegen. Es geht dabei z.B. folgenden Fragen nach:

- Welche Rolle spielen Erwartungen an die Schüler?
- Wie gehen gute Lehrer mit Störungen um?
- Wie filtern Lehrer ihre Wirklichkeit?

Ein Buch, das ohne theoretischen Überbau ganz konkret zeigt, wie Lehrer besser unterrichten und mehr Freude an ihrer Arbeit gewinnen können. Ein Buch, das inspiriert – und im Schulalltag wirklich hilft.

Aus dem Inhalt:

- Warum von den Besten lernen?
- Auf die Menschen kommt es an, nicht auf Programme
- Fünf gerade sein lassen können
- Die Lehrerkonferenz produktiv machen
- Man muss die Schüler nicht mögen
- Die Macht der Erwartungen

Beltz Verlag · Weinheim und Basel · www.beltz.de   Preisänderungen vorbehalten

Mit Leib und Seele Lehrer sein

Charlotte Sinha
Wie finde ich mich als Lehrer?
Rolle und Wirkung im Schulalltag gestalten
2010. 160 Seiten. Broschiert.
EUR 16,95 D
ISBN 978-3-407-62672-1

Ob zu Beginn einer Lehrerkarriere oder nach langjähriger Lehrtätigkeit – die Reflexion und gegebenenfalls Korrektur der eigenen Rolle als Lehrer bleibt im Alltag zumeist auf der Strecke. Oft kommt es erst im Notfall zum Überdenken der Lehrerrolle – wenn beispielsweise Konflikte mit Schüler/innen oder Kolleg/innen auftreten.

Dieser flott geschriebene Band schafft Abhilfe: Er liefert das Werkzeug zur frühzeitigen Auseinandersetzung mit der eigenen Rolle und hilft, diese bewusst zu definieren und entsprechend zu handeln. Mithilfe von konkreten Fallbeispielen werden Lösungsmöglichkeiten aufgezeigt, die an die eigene Persönlichkeit und Situation angepasst werden können.

BELTZ

Beltz Verlag · Weinheim und Basel · www.beltz.de   Preisänderungen vorbehalten